上 海 财 经 大 学 精 品 课 程 系 列 教 材
上海财经大学会计信息化研究中心系列丛书

财务共享服务沙盘模拟教程

主　编　饶艳超
副主编　马建军　于　琪

上海财经大学出版社

图书在版编目(CIP)数据

财务共享服务沙盘模拟教程/饶艳超主编. —上海：上海财经大学出版社，2017.3
上海财经大学精品课程系列教材
ISBN 978-7-5642-2689-3/F.2689

Ⅰ.①财… Ⅱ.①饶… Ⅲ.①企业管理-财务管理-商业服务-计算机管理系统-高等学校-教材 Ⅳ.①F275-39

中国版本图书馆CIP数据核字(2017)第041223号

□ 丛书策划 王永长
□ 责任编辑 王永长
□ 封面设计 张克瑶

CAIWU GONGXIANG FUWU SHAPAN MONI JIAOCHENG
财务共享服务沙盘模拟教程

主编 饶艳超
副主编 马建军 于琪

上海财经大学出版社出版发行
(上海市武东路321号乙 邮编200434)
网 址：http://www.sufep.com
电子邮箱：webmaster @ sufep.com
全国新华书店经销
同济大学印刷厂印刷
上海叶大印务发展有限公司装订
2017年3月第1版 2017年3月第1次印刷

787mm×1092mm 1/16 7.5印张 146千字
印数：0001—4000 定价：34.00元

本书编写组

主　　编　饶艳超

副 主 编　马建军　于　琪

编写组成员　（按姓氏笔画）

马建军　于　琪　王　巍

刘一凝　饶艳超　唐增振

前言

随着社会环境、商业环境以及企业本身的变化，公司财务的内容发生了巨变，以会计核算为中心的传统财务职能已经无法适应新环境要求。新环境要求公司财务部门承担更多的管理会计和决策支持相关的高价值职能，财务转型已经受到越来越多企业的关注。信息技术的发展推动了财务转型这场变革，同时财务共享成为推动财务转型的利器。财务共享通过再造财务组织和流程，帮助实现财务职能从会计核算型向价值创造型转变，是实现财务管理效率提升和对企业发展的有力支撑。财政部鼓励大型企业、企业集团应当探索利用信息技术促进会计工作的集中，逐步建立财务共享服务中心，鼓励大型企业和企业集团充分利用专业化分工和信息技术优势，建立财务共享服务中心，加快会计职能从重核算到重管理决策的拓展。财务共享服务中心从通用电气、摩托罗拉等跨国企业发源以来，已逐渐成为全球企业提升财务效率、降低财务运行成本、实现高效集团财务管控和内部信息透明化的一项重要举措。

安永2015年财务共享服务调查报告结果显示：财务共享服务中心的发展与信息化紧密相连，网络报账、影像系统、资金交易处理平台已经成为当今财务共享服务中心的标配工具，具备这些工具软件的操作技能是对在财务共享服务中心工作的财务人员的基本要求。中国境内企业财务共享服务中心正在从为企业自身提供服务，向第三方服务供应商转变，并呈现增长趋势。中国境内财务共享服务中心对于财务流程的服务外包接受度较低，少量的流程外包也仅集中于非核心财务流程。这些实务应用趋势对财务共享服务的实施和运营管理人才提出了更多的需求。

总体来看，中国企业财务共享服务中心的建设和运营管理还任重道远。不管是理论架构还是实践应用方面，财务共享服务专业人才都相对缺乏。“财务共享服务：理论和实践”课程正是为了更好地满足这些实务应用需求人才培养而设计的。

“财务共享服务：理论和实践”课程内容具体包括：财务共享服务理论认知、财务共享服务典型应用案例分析、财务共享服务沙盘模拟实验、财务共享服务软件应用，这四个部分既相互联系，又各成体系。总体目标是培养企业实务应用需要的财务共享服务建设咨询人才、运营管理人才和操作应用人才。

财务共享服务理论部分的学习内容包括：财务共享服务发展应用现状；企业为什么要建设财务共享服务中心；什么样的企业适合建设财务共享服务中心；各不同类型企业的财务共享服务中心有什么特点；如何建设财务共享服务中心；财务共享服务中心建设需要重点考虑的要素；财务共享服务中心的建设路径和实施方法；财务共享中心的运营管理等。这部分的学习主要帮助学生建立对财务共享服务理论的认知，掌握应用分析的理论框架。

财务共享服务典型应用案例分析主要挑选已经构建了财务共享服务中心的企业应用案例作为典型案例进行详细分析，通过案例分析深入了解财务共享服务中心建设背景、建设方案规划、建设过程中遇见的问题以及解决方案、应用效益等，进一步理解和巩固之前学习的理论知识。通过案例分析部分的学习有助于培养学生在企业实际运营管理环境下认识问题、思考问题和解决问题的能力。

财务共享服务沙盘模拟实验部分是课程中极具特色的部分，该模拟实验教学的目的是为了帮助学生能够更好地理解并应用财务共享服务理论，通过小组模拟实验，应用所学理论知识来共同讨论设计给定案例背景环境下的财务共享服务中心的规划和建设方案。沙盘模拟实验能充分调动学生的学习积极性和主动性，除了有助于培养学生的主动思考分析能力外，更能培养学生的团队参与以及讨论交流的能力。

财务共享服务软件应用部分重点学习用于支持财务共享服务中心功能执行和运营管理的应用软件的操作，在此基础上分析财务共享服务软件对财务共享服务中心的支持作用、存在的功能不足之处等。在培养学生熟悉软件应用能力的同时，还能培养学生对给定软件功能进行评价和判断的能力。

本教程是财务共享沙盘模拟实验部分的配套教材，包括两部分内容：第一部分介绍沙盘模拟教学工具和教学指引；第二部分介绍沙盘模拟教学案例背景。

本教程可供为高年级本科生和研究生开设的财务共享服务课程或是单独开设的财务共享服务实验课程配套使用，也可以供准备实施或是正在实施财务共享服务流程的企业内部培训使用。

编　者

2017 年 2 月

目录

第一部分　沙盘模拟实验教学设计

1.1 沙盘模拟教学指引

财务共享服务沙盘模拟实验教学将基于给定的案例背景资料，借助沙盘模拟演练完成实验任务。财务共享服务沙盘模拟实验需要参与者具备财务共享服务理论基础，或是在完成财务共享服务理论部分的学习后进行。

财务共享服务沙盘模拟实验教学的目的是：

(1) 帮助学生更好地理解并应用财务共享服务理论；

(2) 学会分析企业为什么要建设财务共享服务中心；

(3) 学会分析建设财务共享服务中心的关键影响因素；

(4) 掌握建设财务共享服务中心的框架和要素；

(5) 掌握建设财务共享服务中心的路径和方法论；

(6) 学会制定财务共享服务中心建设规划。

1.1.1 沙盘模拟实验任务

财务共享服务沙盘模拟实验的总体任务是：根据给定的案例背景资料，完成财务共享服务建设规划方案。

财务共享沙盘模拟实验教学过程中，可将学生分成不同的小组，每个小组6～8人，每个小组成员分别扮演来自给定案例公司集团总部和下属子公司A、B、C、D、E的员工（如果小组成员超过6人，则多出来的组员都作为集团总部的员工参与实验）。

小组成员需要结合给定的案例背景，共同讨论确定财务共享服务中心建设方案。每个小组在沙盘盘面上的相应区域完成方案的讨论、方案设计、展示和报告任务。

财务共享服务沙盘模拟实验的具体任务包括：

任务一：仔细阅读给定案例公司的背景资料，了解案例公司的组织架构和财务体系架构。

任务二：分析给定案例公司的信息化建设现状。

任务三：分析给定案例公司的财务管理现状及期望通过财务共享服务中心建设达成的管理目标。

任务四：结合以上分析的案例公司背景资料，确定财务共享服务中心建设时战略与政策规划的相关内容，具体包括财务共享服务中心的建设目标、建设结构、职能定位、建设策略、建设原则、选址因素、选址地点、内部组织架构划分方法。同时，需要手工描绘出建设结构和内部组织架构示意图。

任务五：分析给定案例公司具体业务原有的业务流程，包括业务流程必须遵循的制度内容、业务场景（包括业务流转对应的具体岗位、业务操作内容和实物单据）和业务流程梳理的方法。

任务六：分析案例公司的各项业务在管理制度或流程等方面存在的差异点，可在“业务差异分析表”表格中进行总结概括。

任务七：结合已经分析的案例公司的主要业务管理目标，确定各项业务在财务共享服务中心建设后需要统一的制度内容、业务场景（业务流转对应的具体岗位、业务操作内容和实物单据等）以及需要纳入财务共享服务中心的岗位。

任务八：确定建设财务共享中心需要的基础环境及设备、信息系统及财务共享服务中心建设后需要遵循的运营管理制度。

任务九：对财务共享服务中心所需业务人员以及运营管理人员的数量进行测算。

任务十：展示并报告财务共享服务中心建设规划方案。

1.1.2 沙盘模拟实验参考教学步骤

（1）实验理论准备——学习理解财务共享服务应用相关理论。

（2）介绍模拟实验目标和具体实验任务要求。

（3）介绍沙盘盘面及使用。

（4）介绍沙盘工具箱及使用。

（5）介绍相关表单的内容及使用。

（6）介绍案例背景教程的内容及使用。

（7）再次重复具体实验任务要求。

（8）学生开始分组实验。

（9）学生对沙盘模拟实验结果进行展示。

（10）教师随堂对学生展示的沙盘模拟实验结果进行评分，作为总成绩中沙盘呈现的分数。

（11）学生课后整理并提交沙盘模拟总结报告，结合随堂考核的沙盘呈现分数进行最终评分。

1.1.3 沙盘模拟实验参考教学计划

考虑到各院校的专业教学大纲和课程设置方面的差异，本教程主要区分两种不同的情形给出参考教学计划。

情形一：配合财务共享服务理论课程开设的沙盘模拟实验课程(按一学期 32 个总课时计,2 学分,周学时为 2,16 周)。

情形二：单独开设财务共享服务沙盘模拟实验课程(按一学期 24 个总课时计,1.5 学分,周学时为 2,12 周)。

课程负责教师可以根据学校专业培养方案和学生的具体情形调整教学课时安排。参考教学计划见表 1 - 1。

表 1 - 1　　沙盘模拟实验参考教学计划(院校计划内教学)

课　程　内　容	授课形式	课时安排一(非单独开)	课时安排二(单独开)
理论部分	Mooc 课堂讲授	6	
典型案例讨论	课堂讨论	4	
实验准备	Mooc 课堂讲授		2
实验目标、实验任务布置,沙盘教学工具介绍;完成学生分组	课堂讲授	2	2
案例背景介绍,与实验任务的相关性	课堂讲授	2	2
详细解读案例公司背景资料,完成任务 1—3	学生分组实验	2	2
讨论案例公司财务共享中心建设战略和建设规划,完成战略和政策规划,任务 4	学生分组实验	2	2
费用报销业务(可以选择由老师带领学生完成,作为其他业务的示范)	示范/学生分组实验	2	2
工资业务	学生分组实验	2	2
应收业务	学生分组实验	2	2
应付业务	学生分组实验	2	2
讨论运营和技术规划	学生分组实验	2	2
展示并报告实验结果	学生分组报告	4	4
合　计		32	24

如果是社会培训或是企业内训课程,则可以参考院校教学计划按照 2～3 天的时间安排培训。参考教学计划见表 1 - 2。

表 1-2　　沙盘模拟实验参考教学计划(社会培训/企业内训)

时　间		培训内容(3天)	培训内容(2天)
第一天	上午	财务共享服务理论	财务共享服务理论
	下午	财务共享服务典型应用	(1) 实验目标、实验任务布置,沙盘教学工具介绍;完成学生分组 (2) 案例背景介绍,与实验任务的相关性
第二天	上午	(1) 实验目标、实验任务布置,沙盘教学工具介绍;完成学生分组 (2) 案例背景介绍,与实验任务的相关性	学生分组实验
	下午	学生分组实验	学生分组实验 展示并报告实验结果
第三天	上午	学生分组实验	
	下午	学生分组实验 展示并报告实验结果	

1.2　沙盘盘面介绍

财务共享服务中心建设沙盘盘面分为战略与政策规划中心、共享业务规划中心和运营与技术规划中心三个区域。如图 1-1 所示。

1.2.1　战略与政策规划中心

战略与政策规划中心划分为职能定位、建设目标、建设策略、建设原则、建设结构、建设结构示意图等子区域。小组成员可以在沙盘盘面的相关区域进行分析和讨论,并将最终讨论确定的方案结果进行展示。如图 1-2 所示。

1.2.2　共享业务规划中心

共享业务规划中心划分为四个业务区域,每个业务区域都包括业务场景和制度内容,其中业务场景包括业务流转对应的具体岗位、业务操作内容和实物单据。小组成员可以在沙盘盘面的相关区域进行分析和讨论,并将最终讨论确定的需统一的制度内容、业务场景和需要纳入共享中心的岗位进行展示。如图 1-3 所示。

1.2.3　运营与技术规划中心

运营与技术规划中心分为基础环境及设备、信息系统、运营管理制度三个子区域。小组成员可在沙盘盘面的相关区域进行分析和讨论,并将最终讨论确定的方案结果进行展示(图 1-4)。

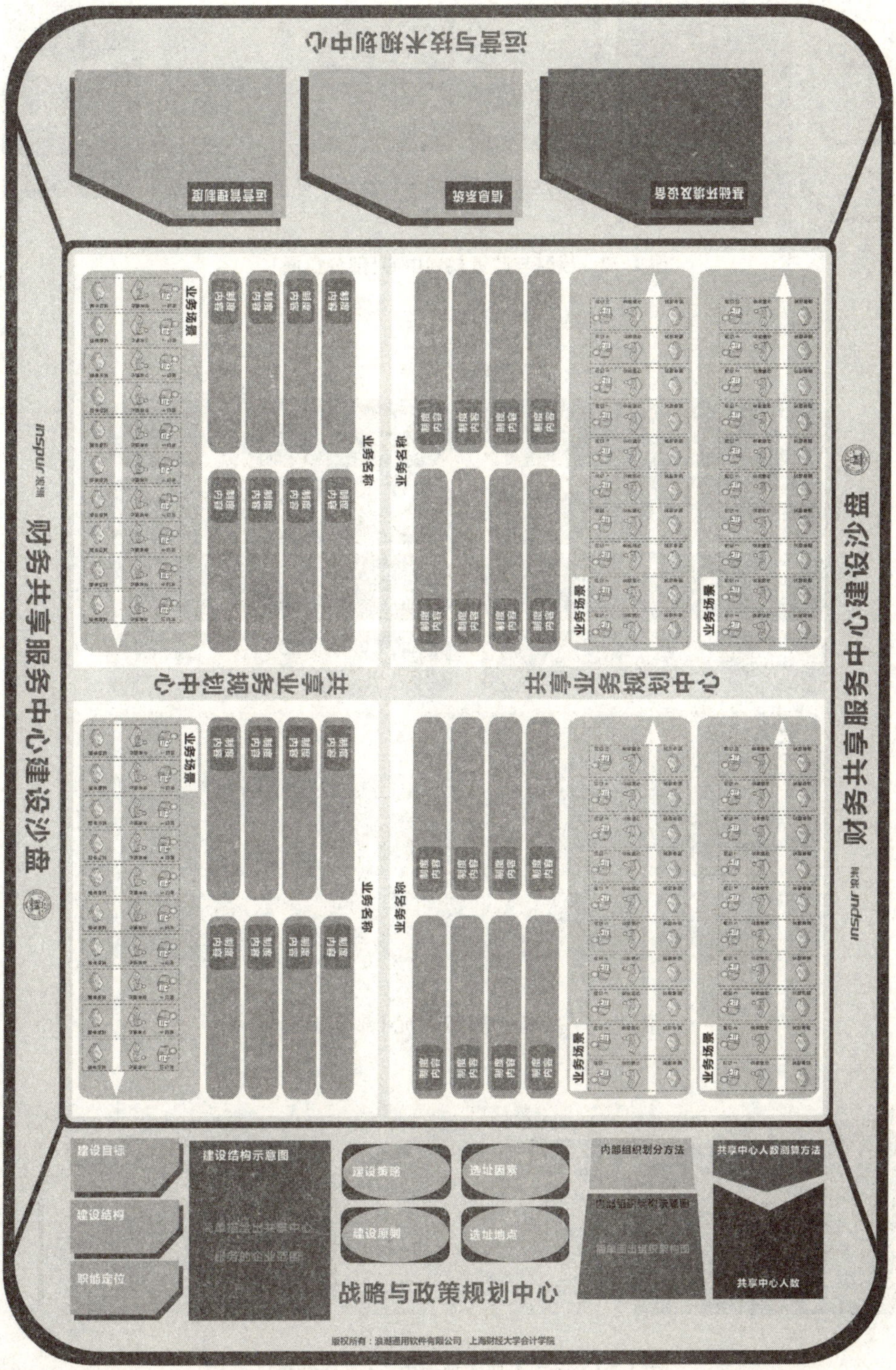

财务共享服务中心建设沙盘
运营与技术规划中心
信息系统
共享业务规划中心
业务场景
业务名称
制度内容
建设目标
建设结构
职能定位
建设结构示意图
建设策略
选址因素
建设原则
选址地点
内部组织划分方法
共享中心人数测算方法
共享中心人数
战略与政策规划中心
版权所有：浪潮通用软件有限公司　上海财经大学会计学院

图 1-1　沙盘盘面(全)

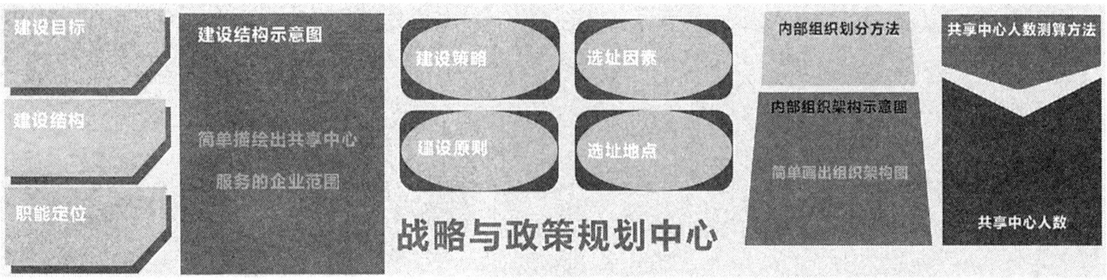

图 1－2　战略与政策规划中心(部分盘面)

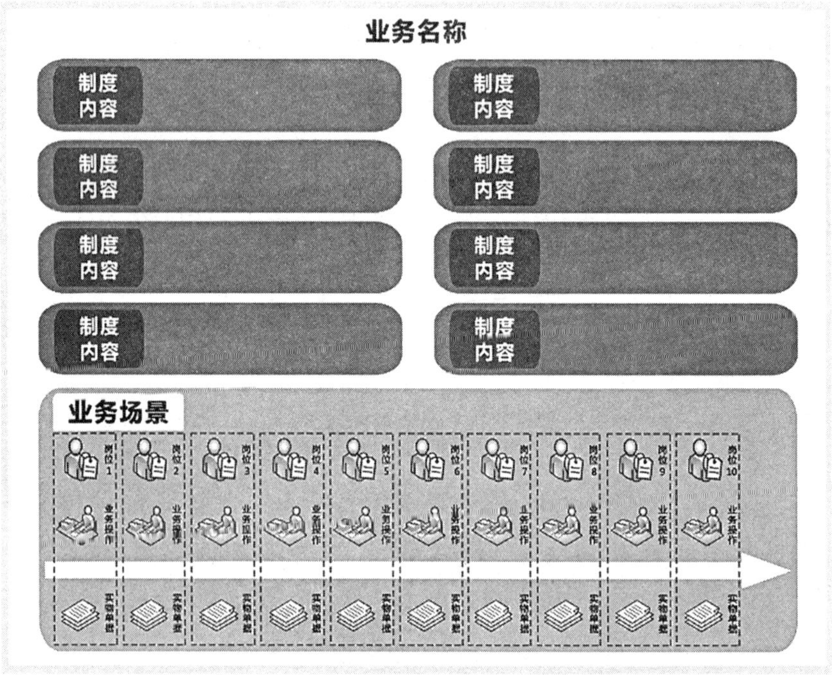

图 1－3　共享业务规划中心(部分盘面)

图 1－4　运营与技术规划中心(部分盘面)

1.3　沙盘工具箱介绍

沙盘工具箱提供的工具主要用于学生在沙盘盘面各区域讨论确定方案后，在盘面上对方案结果进行展示使用，以选项工具的形式提供给学生。各区域的选项工具都包括给定内容的选项工具和可以自行定义内容的空白选项工具。各个不同区域的选项工具用不同的颜色加以区分，学生讨论确定方案后，需将选项工具摆放至相应的区域。

（1）建设目标选项工具

建 设 目 标	建设目标：成本降低 建设目标：风险可控 建设目标：财务转型

（2）职能定位选项工具

职 能 定 位	职能定位：内部服务 职能定位：外部市场

（3）建设策略选项工具

建 设 策 略	建设策略：企业独立完成 建设策略：部分借助咨询公司 建设策略：全部借助咨询公司

（4）建设原则选项工具

建 设 原 则	建设原则：事权不变原则 建设原则：标准集中与数据集中原则 建设原则：核算与管理分离原则 建设原则：循序渐进原则 建设原则：收益性提高原则 建设原则：安全性增强原则

（5）建设结构选项工具

建 设 结 构	建设结构：集团共享模式 建设结构：板块共享模式 建设结构：区域共享模式

(6) 建设结构示意图

空白板,学生可以在上面绘制小组规划的建设结构示意图。

(7) 选址因素选项工具

选 址 因 素	选址因素:人力专业技能 选址因素:当地教育水平 选址因素:服务水平 选址因素:人力成本 选址因素:房产价格 选址因素:自然环境 选址因素:政策优惠 选址因素:交通便利 选址因素:业务规模 选址因素:电信成本 选址因素:电信质量 选址因素:未来服务对象范围 选址因素:提供服务流程范围

(8) 地点选项工具

地 点	地点:上海 地点:武汉 地点:长沙 地点:杭州 地点:济南

(9) 内部组织结构划分方法选项工具

内部组织结构划分方法	内部组织结构划分方法:按职能 内部组织结构划分方法:按区域 内部组织结构划分方法:混合

(10) 内部组织架构示意图

空白板,学生可以在上面绘制小组规划的内部组织架构示意图。

(11) 共享中心人数测算方法

共享中心人数测算方法	共享中心人数测算方法:业务分析法 共享中心人数测算方法:数据测算法 共享中心人数测算方法:对标评测法

(12) 共享中心人数

空白板,学生根据选定的人数测算方法在上面书写计算过程和测算结果。

（13）业务名称选项工具

业务名称	费用报销业务 工资业务 应收核算及收款结算业务 应收核算流程 收款结算流程 应付核算及付款结算业务 应付核算流程 付款结算流程

（14）费用报销业务制度内容选项工具

制度内容	报销业务范围：车船费 报销业务范围：乘机费 报销业务范围：差旅补助 报销业务范围：市内交通费 报销业务范围：住宿费
	报销填报时间：出差返回后10个工作日内 报销填报时间：出差返回后尽快报销
	报销住宿标准：200元/人/天 报销住宿标准：250元/人/天 报销住宿标准：300元/人/天 报销住宿标准：350元/人/天 报销住宿标准：400元/人/天 报销住宿标准：450元/人/天 报销住宿标准：500元/人/天 报销住宿标准：一类地区 报销住宿标准：二类地区 报销住宿标准：三类地区 报销住宿标准：特别地区 报销住宿标准：省会地区 报销住宿标准：其他地区
	报销出差补助：200元/人/天 报销出差补助：150元/人/天 报销出差补助：120元/人/天 报销出差补助：100元/人/天 报销出差补助：80元/人/天 报销出差补助：一类地区 报销出差补助：二类地区 报销出差补助：三类地区

续 表

制 度 内 容	报销出差借款：额度 8 000 元 报销出差借款：额度 5 000 元 报销出差借款：额度 4 000 元 报销出差借款：额度 3 000 元 报销出差借款：借款未还者不许再借 报销出差借款：返回后 15 个工作日内办理还款 报销出差借款：报销需先冲销借款 报销出差借款：逾期未还从工资扣除
	报销支付时间：每周二支付 报销支付时间：未规定时间
	报销支付银行：中国建设银行 报销支付银行：中国工商银行 报销支付银行：招商银行

(15) 费用报销业务场景选项工具

报 销 岗 位	报销岗位：费用报账岗
	报销岗位：单据初审岗
	报销岗位：部门经理审批岗
	报销岗位：项目经理审批岗
	报销岗位：财务主管审批岗
	报销岗位：费用稽核岗
	报销岗位：出纳岗
	报销岗位：费用核算岗
	报销岗位：档案管理岗
报 销 操 作	报销操作：差旅费报账
	报销操作：超标准申请报账
	报销操作：单据初审
	报销操作：差旅费报账审批
	报销操作：超标准申请审批
	报销操作：报账稽核
	报销操作：报销支付
	报销操作：凭证生成
	报销操作：档案归档
报 销 单 据	报销单据：火车票等
	报销单据：差旅费报账单
	报销单据：超标准申请报账单
	报销单据：报销凭证

(16) 应收核算及收款结算业务制度内容选项工具

制度内容	应收入账依据：业主验工计量单 应收入账依据：业主转账通知书 应收入账依据：相关合同协议书 应收入账依据：销售发票
	应收入账要求：必须暂估入账 应收入账要求：不允许暂估入账
	应收信用等级：集团统一信用等级 应收信用等级：各公司分别管理 应收信用资料：集团统一管理 应收信用资料：各公司分别管理 应收授信策略：集团统一授信 应收授信策略：各公司分别授信
	应收收款账户：各公司分别开设账户 应收收款账户：集团统一账户
	应收收款方式：现金 应收收款方式：汇票 应收收款方式：支票 应收收款方式：金额超1万元，需转账
	应收收款人员：业务员可直接收款 应收收款人员：必须由出纳收款
	应收账龄区间：1个月以内 应收账龄区间：1～3月 应收账龄区间：3～6月 应收账龄区间：6～12月 应收账龄区间：1～3年 应收账龄区间：3～5年 应收账龄区间：5年以上 应收坏账比例：5% 应收坏账比例：8% 应收坏账比例：20% 应收坏账比例：50% 应收坏账比例：80% 应收坏账比例：100%
	应收结账日期：每月25日 应收结账日期：每月27日

(17) 应收核算及收款结算业务场景选项工具

应收岗位	应收岗位：应收报账岗
	应收岗位：单据初审岗
	应收岗位：应收稽核岗

续 表

应 收 岗 位	应收岗位：应收核算岗
	应收岗位：发票报账岗
	应收岗位：应收稽核岗
	应收岗位：债权管理岗
	应收岗位：档案归档岗
	应收岗位：出纳岗
	应收岗位：收款审核岗
	应收岗位：收款报账岗
	应收岗位：收款稽核岗
	应收岗位：收款核算岗
应 收 操 作	应收操作：应收报账
	应收操作：单据初审
	应收操作：报账稽核
	应收操作：凭证生成
	应收操作：发票报账
	应收操作：债权确认
	应收操作：档案归档
	应收操作：收款信息登记
	应收操作：项目部财务负责人审批
	应收操作：收款报账
	应收操作：债权核销
应 收 单 据	应收单据：业主验工计量单
	应收单据：业主转账通知书
	应收单据：相关合同协议书
	应收单据：对下计价单
	应收单据：应收报账单
	应收单据：销售发票
	应收单据：发票报账单
	应收单据：暂估凭证
	应收单据：冲销凭证
	应收单据：银行回单
	应收单据：收款登记审批单
	应收单据：收款报账单
	应收单据：收款凭证

（18）应付核算及付款结算业务制度内容选项工具

制度内容	应付对账日期：每月 20 日 应付对账日期：每月 23 日 应付对账方式：线下人工对账 应付对账方式：供应商协同平台自助对账
	应付入账步骤：必须先挂应付再付款两步入账 应付入账步骤：不必先挂应付再付款两步入账
	应付入账要求：三单匹配 应付暂估入账：依据收货单 应付暂估入账：依据暂估债务 应付账款入账：依据发票 应付账款入账：依据已确认债务
	应付付款账户：中国建设银行 应付付款账户：中国工商银行
	应付付款流程：按债务情况编制资金计划 应付付款流程：按资金计划编制付款申请 应付付款流程：按债务情况编制付款申请
	应付付款时间：每月 15 日付款，遇节假日顺延 应付付款时间：按实际情况付款
	应付付款方式：通过银企直联对外付款 应付付款方式：现金付款 应付付款方式：网银付款 应付付款方式：小于 5 000 元，允许现金付款 应付付款方式：大于 5 000 元，通过网银转账
	应付结账日期：每月 25 日 应付结账日期：每月 27 日

（19）应付核算及付款结算业务场景选项工具

应付岗位	应付岗位：采购对账岗
	应付岗位：采购收货岗
	应付岗位：收货审批岗
	应付岗位：采购报账岗
	应付岗位：单据初审岗
	应付岗位：采购稽核岗
	应付岗位：债务管理岗
	应付岗位：会计核算岗
	应付岗位：档案归档岗
	应付岗位：计划编制岗

续 表

应付岗位	应付岗位：资金计划审批岗
	应付岗位：采购支付报账岗
	应付岗位：内控审批岗
	应付岗位：对外支付稽核岗
	应付岗位：出纳岗
应付操作	应付操作：线下对账
	应付操作：供应商协同平台自助对账
	应付操作：采购收货
	应付操作：仓储主管审批
	应付操作：采购报账
	应付操作：单据初审
	应付操作：报账稽核
	应付操作：债务确认
	应付操作：凭证生成
	应付操作：档案归档
	应付操作：资金计划编制
	应付操作：公司资金计划管理岗审批
	应付操作：采购支付报账
	应付操作：单据初审
	应付操作：项目部财务负责人审批
	应付操作：支付报账稽核
	应付操作：项目经理审批
	应付操作：业务结算
	应付操作：线下付款
	应付操作：网银付款
	应付操作：银企直联付款
	应付操作：付款信息确认
	应付操作：债务核销
应付单据	应付单据：供应商对账单
	应付单据：采购订单
	应付单据：采购收货单
	应付单据：采购合同
	应付单据：采购发票
	应付单据：采购凭证

续　表

应付单据	应付单据：采购报账单
	应付单据：资金计划审批单
	应付单据：采购支付报账单
	应付单据：银行回单
	应付单据：付款凭证

（20）工资业务制度内容选项工具

制度内容	工资发放对象：正式职工 工资发放对象：临时用工 工资发放对象：退休返聘职工
	工资项目范围：统一 工资项目含义：统一
	工资计算公式：统一公式 工资计算公式：不统一公式
	工资考勤管理：IC 一卡通 工资考勤管理：微信移动签到 工资考勤管理：指纹考勤 工资考勤统计：薪资核算员统计 工资考勤统计：各部门独立统计
	工资发放日期：每月 5 日 工资发放日期：每月 6 日 工资发放日期：每月 10 日 工资发放日期：每月 11 日 工资发放日期：遇节假日则假日后第一天发放 工资发放日期：遇节假日则假日前一天发放
	工资发放银行：中国建设银行 工资发放银行：中国工商银行 工资发放银行：招商银行

（21）工资业务场景选项工具

工资岗位	工资岗位：薪资管理岗
	工资岗位：业务审批岗
	工资岗位：薪资报账岗
	工资岗位：单据初审岗
	工资岗位：内控审批岗
	工资岗位：薪资稽核岗
	工资岗位：出纳岗

续 表

工 资 岗 位	工资岗位：薪资核算岗
	工资岗位：档案管理岗
工 资 操 作	工资操作：工资明细表发放等表统计
	工资操作：相关领导业务审批
	工资操作：工资计提报账
	工资操作：工资发放报账
	工资操作：单据初审
	工资操作：相关领导内控审批
	工资操作：报账稽核
	工资操作：工资发放
	工资操作：凭证生成
	工资操作：档案归档
工 资 单 据	工资单据：考勤表、绩效考核表等
	工资单据：工资明细表发放表等
	工资单据：薪资计提、发放报账单
	工资单据：薪资计提、发放凭证

（22）基础环境及设备选项工具

基础环境及设备	基础环境：330 平方米办公大厅
	基础环境：500 平方米办公大厅
	基础环境：会议室
	基础环境：休息室
	基础环境：茶水间
	基础环境：档案室
	基础环境：绩效看板
	基础环境：经理办公室
	办公设备：高速扫描仪
	办公设备：打印机
	办公设备：双屏电脑显示器
	办公设备：固定电话
	办公设备：扫码枪
	办公设备：复印机
	办公设备：凭证装订机
	办公设备：碎纸机
	办公设备：电脑主机

(23) 信息系统选项工具

信 息 系 统	信息系统：项目管理系统
	信息系统：财务核算系统
	信息系统：资金结算系统
	信息系统：债权债务系统
	信息系统：供应商协同系统
	信息系统：工资管理系统
	信息系统：银企直联系统
	信息系统：网上报销系统
	信息系统：工作流系统
	信息系统：影像扫描系统
	信息系统：共享服务系统
	信息系统：档案管理系统
	信息系统：异构系统集成

(24) 运营管理制度选项工具

运营管理制度	运营管理制度：FSSC 标准化管理办法
	运营管理制度：FSSC 服务管理办法
	运营管理制度：FSSC 时效管理办法
	运营管理制度：FSSC 组织管理办法
	运营管理制度：FSSC 质量管理办法
	运营管理制度：FSSC 现场管理办法
	运营管理制度：FSSC 培训管理办法

1.4　业务差异分析表介绍

业务差异分析表是学生在沙盘模拟过程中，用于整理分析案例公司各不同业务在管理制度或流程方面存在的差异。本节给出的表单仅供参考，在实验教学过程中教师和同学可以根据需要选择使用，可以作为实验的一部分单列出来，也可以在总结报告中体现。

1.4.1 费用报销业务差异分析表

（1）制度差异分析表

序号	差 异 点	明 细 分 析
1		
2		
3		
4		
5		
6		
7		
8		
9		
⋮		

（2）流程差异分析表

序号	差 异 点	明 细 分 析
1		
2		
3		
4		
5		
6		
7		
8		
9		
⋮		

1.4.2 工资业务差异分析表

（1）制度差异分析表

序号	差异点	明细分析
1		
2		
3		
4		
5		
6		
7		
8		
9		
⋮		

(2) 流程差异分析表

序号	差异点	明细分析
1		
2		
3		
4		
5		
6		
7		
8		
9		
⋮		

1.4.3 应收业务差异分析表

(1) 制度差异分析表

序号	差异点	明细分析
1		
2		
3		
4		
5		
6		
7		
8		
9		
⋮		

（2）流程差异分析表

序号	差　异　点	明　细　分　析
1		
2		
3		
4		
5		
6		
7		
8		
9		
⋮		

1.4.4 应付业务差异分析表

(1) 制度差异分析表

序号	差异点	明细分析
1		
2		
3		
4		
5		
6		
7		
8		
9		
⋮		

（2）流程差异分析表

序号	差　异　点	明　细　分　析
1		
2		
3		
4		
5		
6		
7		
8		
9		
⋮		

1.5 沙盘模拟总结报告

沙盘模拟实验总结报告在学生完成了财务共享中心的建设规划方案之后进行，是沙盘模拟实验的最后阶段。总结报告将对小组完成的包括建设战略和政策规划、费用报销业务、工资业务、应收业务、应付业务、运营和技术规划等所有实验任务及其预期建设效果进行总结。

1.5.1 小组成员及分工

总结报告的第一部分介绍小组成员分工，每个小组 6～8 人，每个学生分别扮演集团总部或是 A、B、C、D、E 子集团公司的员工。除了共同讨论分析外，每个小组成员也可以分别负责一部分实验任务，特别是文档任务。

序号	学生姓名	角色分工	实验任务分工
1			
2			
3			
4			
5			
6			
7			
8			

1.5.2 战略与政策规划总结

对财务共享服务中心建设过程中讨论确定的战略和政策规划内容进行总结，每项内容的总结包括确定的最终选择以及选择依据两个方面。

1.5.2.1 建设目标总结

（1）最终选择：

____

____

（2）选择依据：

____

____

1.5.2.2 建设结构总结

（1）最终选择：

____

____

（2）选择依据：

____

____

1.5.2.3 职能定位总结

（1）最终选择：

____

____

（2）选择依据：

____

____

1.5.2.4 建设策略总结

（1）最终选择：

____

____

（2）选择依据：

1.5.2.5 建设原则总结

（1）最终选择：

（2）选择依据：

1.5.2.6 选址总结

（1）最终选择：

（2）选择依据：

1.5.2.7 内部组织划分总结

（1）最终选择：

（2）选择依据：

1.5.2.8 人员测算总结

（1）最终选择：

（2）选择依据：

1.5.3 费用报销业务规划总结

本部分对财务共享服务沙盘实验过程中讨论分析的费用报销业务的管理制度、业务流程进行总结。

1.5.3.1 统一管理制度

对共享费用报销业务需要统一的相关制度内容以及能够达成的管理目标进行描述。

序号	统一的制度内容	达成的管理目标
1		
2		
3		
4		
5		
6		
7		
8		
9		
⋮		

1.5.3.2 业务流程优化

对共享费用报销业务需要统一及优化的流程和能够达成的管理目标进行描述。

序号	流程统一/优化内容	达成的管理目标
1		
2		
3		
4		
5		
6		
7		
8		
9		
⋮		

1.5.3.3　业务流程描述

对财务共享中心建设后的费用报销业务流程分步骤进行描述。

步　骤		责任部门/岗位	输　入	输　出
编号	名　称			
1				
2				
3				
4				
5				
6				
7				
8				
9				
⋮				

1.5.4 工资业务规划总结

本部分对财务共享沙盘实验过程中讨论分析的工资业务的管理制度、业务流程进行总结。

1.5.4.1 统一管理制度

对共享工资业务需要统一的相关制度内容以及能够达成的管理目标进行描述。

序号	统一的制度内容	达成的管理目标
1		
2		
3		
4		
5		
6		
7		
8		
9		
⋮		

1.5.4.2　业务流程优化

对共享工资业务需要统一及优化的流程和能够达成的管理目标进行描述。

序号	流程统一/优化内容	达成的管理目标
1		
2		
3		
4		
5		
6		
7		
8		
9		
⋮		

1.5.4.3 业务流程描述

对财务共享中心建设后的工资业务流程分步骤进行描述。

步骤		责任部门/岗位	输入	输出
编号	名称			
1				
2				
3				
4				
5				
6				
7				
8				
9				
⋮				

1.5.5　应收业务规划总结

本部分对财务共享沙盘实验过程中讨论分析的应收业务的管理制度、业务流程进行总结。

1.5.5.1　统一管理制度

对共享应收业务需要统一的相关制度内容以及能够达成的管理目标进行描述。

序号	统一的制度内容	达成的管理目标
1		
2		
3		
4		
5		
6		
7		
8		
9		
⋮		

1.5.5.2 业务流程优化

对共享应收业务需要统一及优化的流程和能够达成的管理目标进行描述。

序号	流程统一/优化内容	达成的管理目标
1		
2		
3		
4		
5		
6		
7		
8		
9		
⋮		

1.5.5.3　业务流程描述

对财务共享中心建设后的应收业务流程分步骤进行描述。

步　骤		责任部门/岗位	输　入	输　出
编号	名　称			
1				
2				
3				
4				
5				
6				
7				
8				
9				
⋮				

1.5.6 工资业务规划总结

本部分对财务共享沙盘实验过程中讨论分析的应付业务的管理制度、业务流程进行总结。

1.5.6.1 统一管理制度

对共享应付业务需要统一的相关制度内容以及能够达成的管理目标进行描述。

序号	统一的制度内容	达成的管理目标
1		
2		
3		
4		
5		
6		
7		
8		
9		
⋮		

1.5.6.2　业务流程优化

对共享应付业务需要统一及优化的流程和能够达成的管理目标进行描述。

序号	流程统一/优化内容	达成的管理目标
1		
2		
3		
4		
5		
6		
7		
8		
9		
⋮		

1.5.6.3 业务流程描述

对财务共享中心建设后的应付业务流程分步骤进行描述。

步骤		责任部门/岗位	输入	输出
编号	名称			
1				
2				
3				
4				
5				
6				
7				
8				
9				
⋮				

1.5.7　运营与技术规划总结

对财务共享服务中心建设过程中讨论确定的技术规划内容进行总结，每项内容的总结都包括确定的最终选择以及选择依据两个方面。

1.5.7.1　基础环境及设备总结

(1) 最终选择：

____

____

(2) 选择依据：

____

____

1.5.7.2　信息系统总结

(1) 最终选择：

____

____

(2) 选择依据：

____

____

1.5.7.3　运营管理制度总结

(1) 最终选择：

____

____

(2) 选择依据：

____

____

1.5.8 财务共享服务中心建设效果分析

从业务规范、效率、成本、风险、服务质量等几个维度，简单描述财务共享中心建设完成后预期带来的效果。

第二部分　沙盘模拟案例背景

2.1　S 集团简介

2.1.1　背景介绍

S集团有限公司成立于1999年，是国内最具实力、最具规模的大型建设集团之一。2015年，公司营业收入达412亿元，连续9年入选中国500强企业。

公司业务涵盖工程施工、设计、装备制造、资本运营、房地产开发等领域。其中，建筑工程承包是公司核心及传统业务，业务种类覆盖铁路、公路、城市交通、水利水电、房屋建筑、桥梁等多个领域。目前，公司已经从以施工承包为主发展成为集科研、规划、设计、施工、工程监理为一体的较为完善的行业产业链，并且具备为业主提供一站式服务能力的大型建筑工程综合承包商。

公司旗下子公司众多，通过各地子公司为全国各省、自治区、直辖市提供建筑工程承包及其他服务，并在非洲、亚洲、南美洲等海外国家级或地区参与基础设施建设。S集团总部设立在中国上海，下辖10个全资子公司，集团现有正式员工约19 000人。

当前，S集团财务组织结构为“集团—公司—项目部(独立核算的非法人实体)”三层级管理结构，项目部下设财务部、人事部、行政部等相关部门。S集团财务部是负责公司资产管理、财务风险管理、资金管理、融资管理、财务分析、会计核算、税务管理、报表编制等工作的职能部门，同时负责指导子公司的财务管理工作。子公司实行独立核算，财务部内部一般设置会计核算、报表编报、资金管理、税务管理等岗位。

从S集团自身业务特征来看，具有项目核算单位较小、业务单一、成本类业务笔数少但费用和支付类业务笔数多的典型特征。

2.1.2　子公司简介

S集团共有10个全资子公司，其中公司A、公司B、公司C、公司D、公司E分布在国内，主要经营范围是工程设计和施工，其他五个公司分布在海外。

公司A总部位于上海市，在建工程项目110余个，施工队伍分布在全国及南非等海外地区。公司A员工总数约3 000人，从事财务岗位的工作人员约360人，年收入49亿元，利润2.53亿元。

公司B总部位于杭州市，在建工程项目90余个，施工队伍分布在全国及南美等海外地区。公司B员工总数约1 800人，从事财务岗位的工作人员约287人，年收入32亿元，利润1.44亿元。

公司C总部位于武汉市，在建工程项目70余个，施工队伍分布在全国及欧洲等海外地区。公司C员工总数约2 200人，从事财务岗位的工作人员约230人，年收入29亿元，利润1.02亿元。武汉市教育资源丰富，人力成本相对较低。

公司D总部位于济南市，在建工程项目60余个，施工队伍分布在全国及欧洲等海外地区。公司D员工总数约1 560人，从事财务岗位的工作人员约200人，年收入17.9亿元，利润0.72亿元。

公司E总部位于长沙市，在建工程项目50余个，施工队伍分布在全国各地。公司E员工总数约950人，从事财务岗位的工作人员约170人，年收入9.7亿元，利润0.22亿元。

2.1.3 组织架构示意图

S集团的组织架构，如图2-1所示。

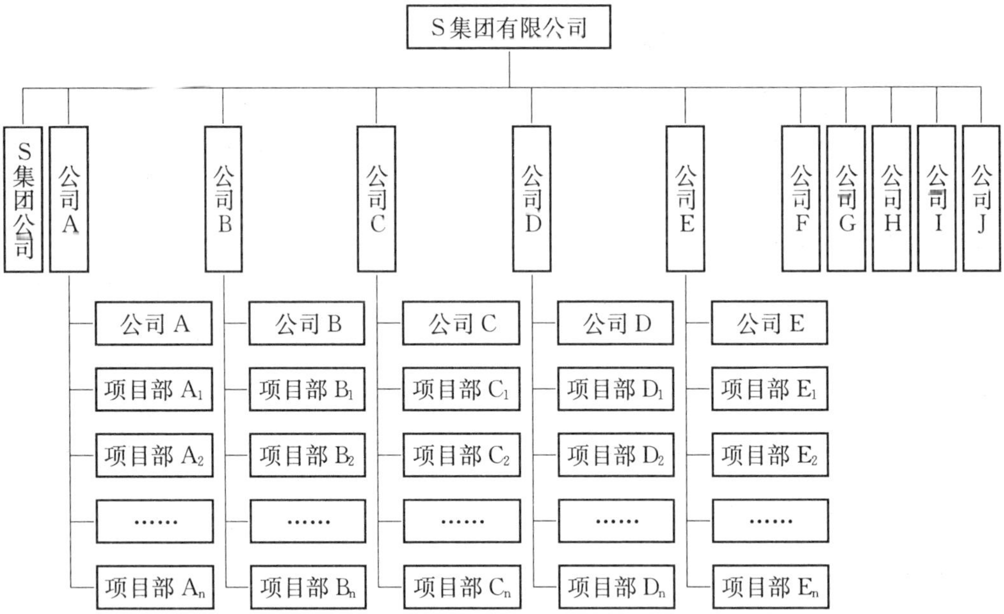

图2-1 S集团组织架构图

2.1.4 财务体系架构示意图

S集团财务体系架构，如图2-2所示。

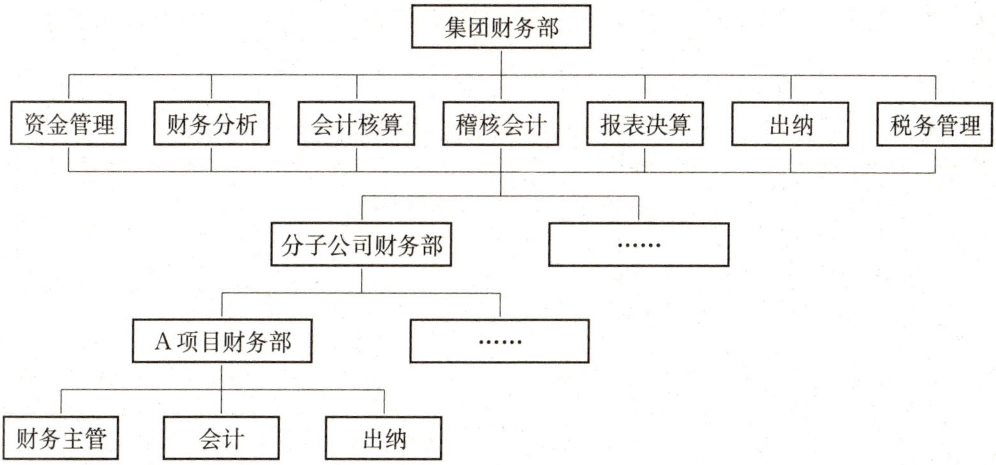

图2-2　S集团财务体系架构图

2.1.5　思考题

(1) 企业规模与财务管理存在什么关系？财务管理如何更好地支撑集团的发展？

(2) 不同的集团在财务管理方面为什么存在差异？这些差异是否可以统一？如何统一？

(3) 集团内不同层级财务部门如何配合工作？如出现分歧，如何处理最为合适？试举例分析。

(4) 在集团内，效益好的企业与效益差的企业如何平衡发展？

(5) 大型企业集团存在哪些组织架构模式？各自的特点是什么？请分别列举行业代表。

(6) 企业发展的不同阶段与组织架构之间的关系是怎样的？举例说明通过调整企业组织架构加快企业发展的案例。

(7) 财务部门在企业中的主要作用是什么？在企业发展的不同阶段，财务组织如何适应企业发展的需要？

(8) 大型企业集团的财务工作职责或者岗位分别有哪些？如果可以合并，如何合并，合并前后的区别是什么？

2.2　S集团信息化建设现状

2.2.1　集团信息化现状

S集团非常重视信息化建设，为了满足业务运行需要，先后投入使用了多个业务系统。集团总部、各级单位均进行了不同程度的信息化建设。各系统主要应用见表2-1所示。

表2-1　　S集团系统应用情况

信息系统＼单位名称	公司A	公司B	公司C	公司D	公司E
总账管理	财务凭证生成、复核、记账，实现财务信息集中管理	财务凭证生成、复核、记账，实现财务信息集中管理	财务凭证生成、复核、记账，实现财务信息集中管理	财务凭证生成、复核、记账，实现财务信息集中管理	财务凭证生成、复核、记账，实现财务信息集中管理
报表管理	企业财务报表生成	企业财务报表生成	企业财务报表生成	企业财务报表生成	企业财务报表生成
网上报销系统	实现企业对公、对私业务的费用报销	实现企业对公、对私业务的费用报销	实现企业对公、对私业务的费用报销	实现企业对公、对私业务的费用报销	实现企业对公、对私业务的费用报销
资金管理	管理集团账户体系、结算、信贷融资、票据、利息、内部网银、资金预算与计划	—	管理集团账户体系、结算、信贷融资、票据、利息、内部网银、资金预算与计划	管理集团账户体系、结算、信贷融资、票据、利息、内部网银、资金预算与计划	—
银企直联	实现企业内部资金系统与商业银行网银系统的链接	—	实现企业内部资金系统与商业银行网银系统的链接	实现企业内部资金系统与商业银行网银系统的链接	—
人力资源系统	管理人员档案信息、合同信息、培训信息、薪资等	管理人员档案信息、合同信息、培训信息、薪资等	管理人员档案信息、合同信息、培训信息、薪资等	管理人员档案信息、合同信息、培训信息、薪资等	管理人员档案信息、合同信息、培训信息、薪资等
供应商协同平台	实现供应商自助对账、开票管理、提供结算自助查询等功能	—	实现供应商自助对账、开票管理、提供结算自助查询等功能	实现供应商自助对账、开票管理、提供结算自助查询等功能	—
项目管理系统	管理项目现场材料收发情况	管理项目现场材料收发情况	管理项目现场材料收发情况	管理项目现场材料收发情况	管理项目现场材料收发情况
债权债务系统	记录债权债务的形成、变化、收款等过程	记录债权债务的形成、变化、收款等过程	记录债权债务的形成、变化、收款等过程	记录债权债务的形成、变化、收款等过程	记录债权债务的形成、变化、收款等过程

2.2.2　信息系统集成

当前S集团的各信息系统没有完全实现互联互通，形成信息孤岛，数据标准不一致，导致信息多口录入、信息不一致情况严重、具体系统集成情况，见表2－2所示。

表2－2　　S集团系统集成情况

	公司A	公司B	公司C	公司D	公司E
各系统集成情况	所有系统实现集成	实现债权债务系统与总账管理系统之间的集成	实现项目管理系统、债权债务系统与总账管理系统之间的集成	实现项目管理系统、债权债务系统、资金系统与总账管理系统之间的集成	实现债权债务系统与总账管理系统之间的集成

2.2.3　信息系统简介

2.2.3.1　总账管理

总账管理主要用于记账凭证的编制到各种账表的生成，具体包括初始建账、凭证处理、出纳业务、账表查询、月末处理等基本账务功能。财务软件还支持数量核算、单一外币及多外币核算、多账簿管理、现金管理等功能，能够满足各单位核算及账务管理的需要。

2.2.3.2　报表管理

财务报表是以货币为计量单位，综合反映企业在某一时点的资产状况以及一定时期内财务状况和经营成果的书面文件，是会计核算的最终成果，也是会计核算工作的总结。

报表管理模块是一个灵活的报表生成工具，用户可以自由定义各种财务报表、管理汇总表、统计分析表。它可以通过取数公式从数据库中获取数据，也可定义表格内以及不同表格之间的数据勾稽运算，制作图文混排的报表，满足了内外部不同用户的财务报表需求。

2.2.3.3　网上报销管理

报销业务是企业及行政事业单位常见的内部管理业务，网上报销管理系统通过内部网络或者互联网实现了报销业务的网上申报和办理，避免了手工填写和提交报销单据的排队现象。财务人员可以根据工作计划合理安排处理报销业务的时间，报销人也节省了跑审批的时间，从而极大地提高了报销人和财务部门的工作效率，降低了单位的运营成本。

2.2.3.4 资金管理

资金管理系统包括资金计划、资金结算、票据管理、信贷管理、投融资业务、同业往来、企业现金和银企直联等一整套资金管理业务板块。可结合集团的资金收支预算，与集团内其他业务协同，实现集团资源优化配置，提高资金使用效率，降低财务风险，节约交易成本，产生规模效益。

资金计划是资金管理系统中的一部分，主要是对资金计划进行编制、审批、控制和分析，以实现对资金头寸的有效控制。资金计划要素贯穿计划编制的整个过程，支持部门和单位作为资金计划编制主体进行计划的编报，支持明细资金计划的编报审批。

2.2.3.5 银企直联

银企直联系统可实现与多家银行直联，开放式接口支持多家银行的“银企互联”服务，可通过银企互联接口实现网上收、付款处理。保证账户安全性，可重复付款控制、账户授权。支持自动下载银行对账单、自动核对银行账、自动生成银行账余额调节表；支持实时查询银行账户余额及交易明细情况等。

2.2.3.6 人力资源系统

人力资源管理系统包括人事日常事务、薪酬、招聘、培训、考核以及对组织、人员的管理，对企业人力资源管理的方方面面进行分析、规划、实施、调整，提高企业人力资源管理水平，使人力资源更有效地服务于组织或团体目标。

2.2.3.7 供应商协同平台

供应商协同平台是在供应链运作过程中，面向核心企业及其供应商构建的供应业务协作平台。通过网上在线协作，可减少双方传真、邮件成本和人工费用；协同平台还有效简化订单处理流程，缩短业务处理周期，减少采购业务成本；条码技术的应用，减少了企业方的入库工作量，并降低了收货的误差；电子开票与电子对账的应用，降低了财务过程的成本，增加财务结算透明度，改善了双方供应关系。

2.2.3.8 项目管理系统

项目管理系统是对工程项目施工预算、进度、合同、采购、材料、设备、质量、安全等进行全面综合管理的业务系统，通过对成本、进度、资金、质量、安全等方面的控制，以及对合同、变更、结算、支付等要素的流程化管理，提高企业对工程项目的综合管理能力。

2.2.3.9 债权债务系统

债权债务系统通过对债权债务的形成、变化、收款进行全过程记录，管理债权债务相关信息（包括业主、项目等相关信息），实现对债权债务的管理、查询及分析等。

2.2.4 思考题

(1) 信息化对企业管理有哪些帮助？管理信息化建设的难点是什么？

(2) 财务管理信息化一般包含哪些内容？哪一块业务信息化最难？

(3) 异构系统间的信息交换如何处理？

2.3 S集团财务管理现状及需求

2.3.1 财务管理现状

2.3.1.1 财务管理信息化程度不高

建筑行业由于其独特的生产经营模式而带来地域广泛、财务主体不唯一等问题。财务信息化建设需要克服网络、复杂的管理层级等多种问题。建筑施工类项目大多有因地处深山、远离城镇而导致的互联网覆盖难度大、网络设备维护难度大等特点。有些海外项目无法在当地搭建信息系统，也无法连接到国内的网络环境，使得许多管理需求无法得到信息化的有效支撑。

2.3.1.2 管控难度大

S集团的核算单位遍布全国各地，管理地域跨度大，管理层级多，增加了管理难度和风险，公司总部、分子公司难以及时准确地掌握基层单位的财务状况和经营成果，会计信息质量水平不一，使得管控风险较高，财务资源闲置。

另外，基于建筑企业的特色，S集团项目部是最小的管理单元，常常与总部不在一个地区，数量多，分布广且流动性大，由于受到机制、手段、距离的制约，企业管理层对项目财务监管的难度相对较大。总部虽然制定了详细的规章制度，也实行了财务委派制和过程审计，但是仍然存在管理层面无法了解的情况。部分项目出现超权限范围审批、超制度规定采购、超工程清单计价、超合同条件付款等现象，甚至存在少数项目经理独揽财权、项目财务总监监管乏力的情况。

2.3.1.3 资金集中程度不高

因为属地结算、业主监管等原因，S集团存在银行账户数量众多、资金相对分散、资金集中难度大的问题。整个集团的银行账户数量超过5 000个，分布在全国各地。资金集中、远程监控是一个很大的难题，仅银企直联一线工作就要花费大量的成本和人力。总部只能通过邮寄银行对账单、定期检查、事后审计等方式进行远程监管，无法有效地提高资金集中度、规避项目资金风险。

2.3.1.4 财务人员紧缺

随着S集团的经营规模迅速扩张，各专业的人力资源非常紧缺。项目数量快速增加，各地财务部的财务人员均出现短缺现象。许多新入职的财务人员迅速走上了财务主管的岗位，由于缺乏社会阅历及岗位经验积累，财务风险意识较差，导致部分项目出现会计基础工作薄弱、企业制度执行不力、财务质量不高、内控把关不严、资产与账目不符等现象。

2.3.2 企业发展的内在要求

S集团从所处行业财务管理存在的普遍问题及企业自身背景出发，做出了实施财务共享的战略选择。这既是企业"做大做强"的自身需求，也与国资委"管理提升"活动、风险内控体系建设的要求相契合，也是企业补齐管理短板、加快转型升级、实现健康持续发展的必由之路。

在企业快速扩张的情况下，通过财务共享中心的建立，可以由共享中心集中处理记账、支付、报表等基础性工作，一方面可以减少派驻项目部财务人员的数量，节约成本；另一方面也可以加强项目现场管控能力，降低企业经营风险。

根据S集团企业自身管理情况，集团董事会决定将差旅费报销、应收与应付、工资发放等几类业务纳入本次共享中心建设中。从而实现：

(1) 统一及完善整个集团各类业务的相关制度，实现对该类业务的事前和事后控制。

(2) 建立整个集团统一的财务核算流程，实现整个集团对各类业务核算的规范化、标准化。

(3) 实现各类业务财务核算集中处理，降低人力成本。

(4) 提高各类业务财务处理的效率及质量，提升员工满意度。

2.3.3 主要业务管理目标

S集团期望通过财务共享中心的建设，对差旅费报销业务、应收核算及收款结算业务、应付核算及付款结算业务、工资业务实现如下的精细化管理目标。

2.3.3.1 费用报销业务

1. 制度方面

(1) 实现差旅费用精细化管理，统一费用报销范围。

(2) 统一差旅费报销核算涉及的相关科目设置。

(3) 加强差旅费管控，严控费用执行。

(4) 加强出差借款管理，根据"还款优先费用报销"原则进行账务处理。

(5) 在差旅费报销时，一定程度上降低了通过银行支付的手续费。

(6) 依据权责发生制原则，保障每个月差旅费开支账务处理的真实性。

(7) 提高员工对差旅费报销的满意程度。

2. 流程方面

(1) 统一差旅费报销审批流程及相关要求。

(2) 统一差旅费报销过程中的表单样式，便于统一采购纸张，节约成本。

(3) 降低因原始单据稽核不通过，需要重新报销的返工率。

(4) 在不降低报销效率的前提下，提升相关领导对差旅费报销相关实物单据的监控程度。

(5) 提高会计档案保管效率，降低档案保管成本。

(6) 通过财务共享中心中差旅费报销业务相关岗位及角色的规划，达到资源的合理及优化配置。

(7) 将差旅费报销流程中部分业务环节纳入共享中心，实现业务集中处理，在效率、成本及风险管控等方面得到一定程度的优化提升。

2.3.3.2　应收核算及收款结算业务

1. 制度方面

(1) 集团范围内整合及统一与会计核算相关的基础数据，确保集团范围内会计核算基础数据的准确性和唯一性，保证后期财务数据统计口径保持一致。

(2) 集团范围内统一应收核算结账时点，实现流程流转的标准化及规范化。

(3) 集团范围内按权责发生制原则规范应收工程款入账依据，保障各会计期间核算内容准确无误。

(4) 集团范围内应收核算及结算等财务凭证通过系统自动生成，提升入账效率，减少人工干预，降低错单风险。

(5) 集团范围内统一收款方式及收款流程，尽量规避现金收款，规范收款业务，优化收款流程。

(6) 建立集团统一的信用评估体系，统一管理信用政策及信用档案，强化对应收工程款的事前控制。

(7) 建立集团统一的坏账政策，统一账龄分析方法，合理设置计提比例，客观真实反映应收工程款实际情况。

2. 流程方面

(1) 细化应收入账业务内容及步骤，合理区分应收入账及暂估应收入账业务，实现集团范围内应收核算处理的规范化及标准化。

(2) 规范债权确认及债权核销的管理，实现集团范围内债权业务处理的规范化及标准化。

(3) 明确各个流程环节责任分工，明确业务经办人员、财务稽核人员及出纳人员的职责分工及目标，降低责任风险。

(4) 提高会计档案保管效率,降低档案保管成本。

(5) 通过财务共享中心中应收与收款业务相关岗位及角色的规划,达到资源的合理及优化配置。

(6) 将应收与收款业务流程中部分业务环节纳入共享中心,实现业务集中处理,在效率、成本及风险管控等方面得到一定程度的优化提升。

2.3.3.3 应付核算及付款结算业务

1. 制度方面

(1) 集团范围内整合及统一与财务核算相关的基础数据,确保集团范围内财务核算基础数据的准确性和唯一性,保证后期财务数据统计口径保持一致。

(2) 集团范围内统一核算及结算环节各时点,实现流程流转的标准化及规范化。

(3) 规范集团范围内的付款方式,控制并减少现金付款业务。

(4) 集团范围内应付核算及结算等财务凭证通过系统自动生成,提升入账效率,减少人工干预,降低错单风险。

(5) 集团范围内的对外付款信息实现系统内的流转及控制,减少人工干预,降低错单风险,降低资金管控风险。

2. 流程方面

(1) 规范发票入账及发票暂估业务的管理,实现集团范围内发票核算处理的规范化及标准化。

(2) 规范应付及结算业务核算步骤,清晰区分入账及结算业务的核算环节,降低往来对账的难度,依据权责发生制原则,对实际发生的采购业务及时入账,保障各会计期间核算内容准确无误。

(3) 规范债务确认、暂估债务及债务核销的管理,实现集团范围内债务业务处理的规范化及标准化。

(4) 规范公司对各项目部的资金控制,降低企业资金付款风险。

(5) 加强应付与付款业务报账环节的内部控制,降低业务风险及账务处理的错误率,提升报账业务质量及报账效率。

(6) 明确各个流程环节责任分工,明确业务经办人员、财务稽核人员及出纳人员的职责分工及目标,降低责任风险。

(7) 提高会计档案保管效率,降低档案保管成本。

(8) 通过财务共享中心中应付与付款业务相关岗位及角色的规划,达到资源的合理及优化配置。

(9) 将应付与付款业务流程中部分业务环节纳入共享中心,实现业务集中处理,在效率、成本及风险管控等方面得到一定程度的优化提升。

2.3.3.4 工资业务

1. 制度方面

(1) 实现工资费用计提精细化管理,统一工资核算涉及的相关科目设置。

(2) 统一工资发放人员类别。

(3) 统一工资包含内容及每项工资内容对应的管理要求。

(4) 加强考勤管理,实现工资发放与考勤记录紧密关联。

(5) 在工资发放时,一定程度上降低银行代发的手续费。

(6) 提高员工对工资发放的满意程度。

2. 流程方面

(1) 统一工资发放审批流程及相关要求。

(2) 统一工资发放过程中使用的表单样式,便于统一采购纸张,节约成本。

(3) 加强工资费用管控,严控费用执行。

(4) 加强工资相关信息的保密性,保证薪资资料不泄露。

(5) 在不降低工资发放效率的前提下,提升相关领导对工资发放相关实物单据的监控程度。

(6) 提高会计档案保管效率,降低档案保管成本。

(7) 通过财务共享中心中工资业务相关岗位及角色的规划,达到资源的合理配置。

(8) 将工资业务流程中部分业务环节纳入共享中心,实现业务集中处理,在效率、成本及风险管控等方面得到一定程度的优化提升。

2.3.4 思考题

(1) 企业发展与财务组织体系建设的关系如何处理?

(2) 大型集团在财务管理方面的制度差异如何影响整体运营与管理?

(3) 财务人员的主要职责有哪些? 如何才能充分发挥财务人员在企业发展中的作用?

2.4 S集团业务流程解析

2.4.1 费用报销业务流程

2.4.1.1 管理制度

依据公司A、B、C、D、E的差旅费管理规定,部分管理制度要求如下:

(1) 报销范围

公司 A：

差旅费报销范围中包括所有员工因公异地出差、学习培训等发生的市内交通费、乘机费、车船费、住宿费、出差补助等费用，其中市内交通费包括出租车打车费、地铁费、机场巴士费、公交车费等。

差旅费报销在账务处理时，均使用“差旅交通费”一个科目进行核算，未进行细化。

公司 B、C、D、E：

差旅费报销范围中不包括员工因公出差而辅助发生的市内交通费，交通费报销流程单独执行。

差旅费报销在账务处理时，均使用“差旅费”科目进行核算，而辅助发生的市内交通费则使用“交通费”科目进行核算，从而实现费用精细化管理。

(2) 填报时间

公司 A：

为了真实反映每个月的差旅费开支情况，要求员工在出差返回 10 个工作日内办理报销手续。

公司 B、C、D、E：

要求员工在出差返回后尽快办理报销手续，但是没有明确的时间规定。

(3) 住宿标准

公司 A、C、D、E：

按照一类、二类、三类地区分类设定不同的住宿标准，员工应在此标准限额内进行报销，具体的地区分类及住宿标准见表 2-3 所示。

表 2-3　公司 A、C、D、E 地区分类及住宿标准

公　司	一类地区	二类地区	三类地区	地区分类说明
公司 A	500 元/天	400 元/天	300 元/天	一类地区：北京、上海、广州、深圳、厦门、杭州、苏州、南京 二类地区：非一类地区的各省会城市、直辖市(天津、重庆)及计划单列市(大连、青岛、宁波) 三类地区：其他地区
公司 C	400 元/天	300 元/天	200 元/天	
公司 D	350 元/天	300 元/天	250 元/天	
公司 E	300 元/天	250 元/天	200 元/天	

公司 B：

按照特别地区、省会城市、其他地区分类设定不同的住宿标准，具体的地区分类及住宿标准见表 2-4 所示。

表 2-4　　公司 B 地区分类及住宿标准

公　司	特别地区	省会城市	其他地区	地区分类说明
公司 B	400 元/天	350 元/天	250 元/天	特别地区：北京、上海、广州、深圳、厦门、杭州、苏州、南京、天津、重庆、大连、青岛、宁波 省会城市：指各省会城市 其他地区：指上述两类以外的地区

(4) 出差补助

A、B、C、D、E 五个公司按照出发时间、到达时间、出差地区等不同内容设定不同的出差补助标准，员工应在此标准限额内进行报销，具体的出差补助标准见表 2-5 所示。

表 2-5　　出差补助标准

<table>
<tr><th>公司</th><th>补　助　标　准</th><th>出差补助说明</th></tr>
<tr><td>公司 A</td><td>不得超过标准
限额 200 元/人/天</td><td>在不超过 200 元/人/天限额下，公司 A 各下属单位可根据自身情况，自行规定出差补助标准</td></tr>
<tr><td>公司 B</td><td>100 元/人/天</td><td>12:00 以后从常驻地出发(或 12:00 以前返抵常驻地)以半天计算，12:00 以前从常驻地出发(或 12:00 以后返抵常驻地)以 1 天计算</td></tr>
<tr><td>公司 C</td><td>一类地区：150 元/人/天
二类地区：100 元/人/天
三类地区：80 元/人/天</td><td rowspan="2">一类地区：北京、上海、广州、深圳、厦门、杭州、苏州、南京
二类地区：非一类地区的各省会城市、直辖市(天津、重庆)及计划单列市(大连、青岛、宁波)
三类地区：其他地区
12:00 以后从常驻地出发(或 12:00 以前返抵常驻地)以半天计算，12:00 以前从常驻地出发(或 12:00 以后返抵常驻地)以 1 天计算</td></tr>
<tr><td>公司 D</td><td>一类地区：120 元/人/天
二类地区：100 元/人/天
三类地区：80 元/人/天</td></tr>
<tr><td>公司 E</td><td>80 元/人/天</td><td>出发和到达当天均按整天计算</td></tr>
</table>

(5) 出差借款

A、B、C、D、E 五个公司员工因公出差而发生个人借款时，相关要求如下：

公司 A：

借款额度上限为 8 000 元/次，借款未还者原则上不得再次借款，出差返回 15 个工作日内需办理还款手续，逾期未还者从工资中扣回，差旅费报销与还款执行不同的结算流程，报销时不得直接冲销借款。

公司 B：

借款额度上限为 5 000 元/次，借款未还者原则上不得再次借款，在差旅费报销时需先冲销借款，再将多余的款项进行报销。

公司 C：

借款额度上限为 4 000 元/次，借款未还者原则上不得再次借款，在差旅费报销时需先冲销借款，再将多余的款项进行报销。

公司 D、E：

借款额度上限为 3 000 元/次，借款未还者原则上不得再次借款，在差旅费报销时需先冲销借款，再将多余的款项进行报销。

（6）支付时间

公司 A：

出纳人员在每周二针对所有审批与稽核都通过的差旅费报销单据进行统一结算支付。

公司 B、C、D、E：

未规定具体的支付时间，可由出纳人员每天针对所有审批与稽核都通过的差旅费报销单据进行实时结算支付。

（7）支付银行

公司 A：中国建设银行

公司 B：中国建设银行

公司 C：招商银行

公司 D：招商银行

公司 E：中国工商银行

2.4.1.2 流程图

A、B、C、D、E 五个公司各单位员工的差旅费报销及核算的整体流程有所不同。

公司 A 差旅费报销业务流程，如图 2－3 所示。

公司 B 差旅费报销业务流程图，如图 2－4 所示。

公司 C、D、E 差旅费报销业务流程图，如图 2－5 所示。

1. 填报报销单

（1）填写电子报销单：报销人在网上报销系统中需填写差旅费报销单，包括出差起止时间、起止地点、交通方式、车船费金额、住宿费金额、交通费金额等信息。若存在超公司标准报销差旅费时，公司 B、C 要求员工必须在网上报销系统填制“超标准报销申请单”，需项目经理网上审批通过。公司 A、D、E 对超标准报销未进行特殊管理，实报实销。

（2）填写纸质报销单：电子报销单填写同时，需将车票、住宿发票等实物单据粘贴至纸质报销单上，并由报销人本人签字。

2. 审批

公司 A、B、C、D、E 员工差旅费报销需经相关领导审批，对业务发生的真实性、合理性、必要性进行审核，各公司的审批要求如下：

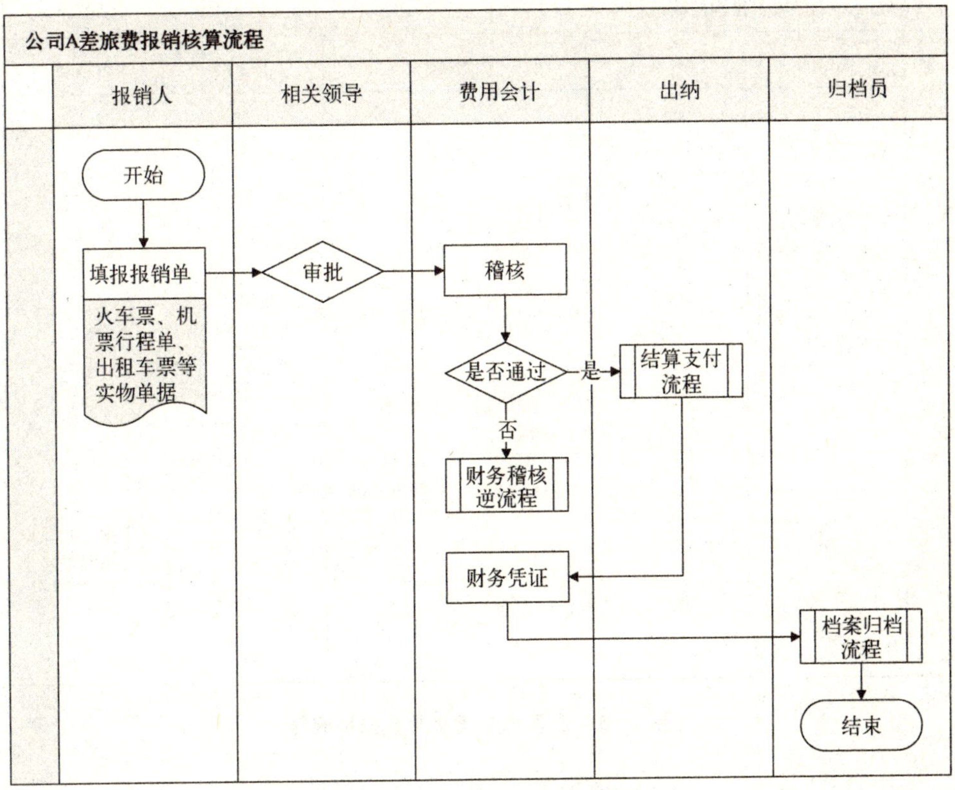

图 2-3　公司 A 差旅费报销流程

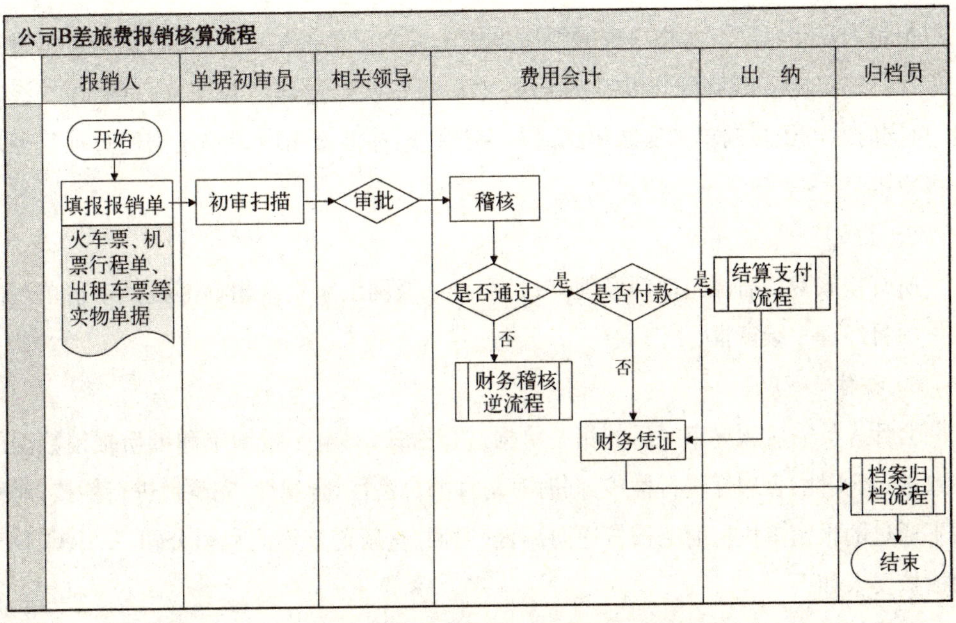

图 2-4　公司 B 差旅费报销流程

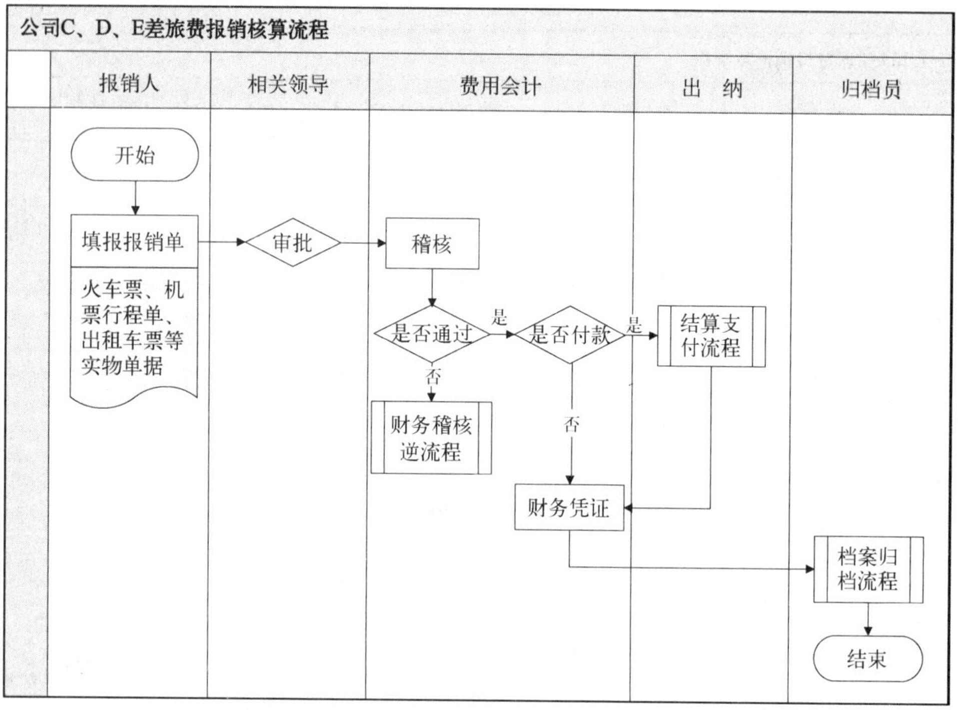

图 2－5 公司 C、D、E 差旅费报销流程

公司 A、D、E：

所有差旅费均需经过部门经理、项目经理二级网上审批。

公司 B：

报销人需将粘贴有实物单据的纸质报销单提交至单据初审员，由单据初审员进行初审并扫描单据上传到网上报销系统中，然后再依次经过部门经理、项目经理二级审批，可同时对电子报销单和实物单据进行审核。超标准报销申请单还需经过项目经理一级审批。

公司 C：

所有差旅费均需经过部门经理、项目经理二级网上审批。超标准报销申请单还需经过项目经理一级审批。

3. 稽核

会计人员需对领导审批后的相关单据进行稽核，对电子报销单和纸质报销数据的一致性、真实性、合理性进行稽核，同时对附件的合法性、合规性、完整性进行稽核，对稽核不通过的报销单执行财务稽核逆向流程(退回、重新稽核等流程)，公司 A、B、C、D、E 的稽核要求如下：

公司 A：

报销人需将粘贴有实物单据的纸质报销单提交至相关会计人员进行稽核，主要稽核电子报销单与纸质报销单金额的一致性、真实性、合理性等内容。稽核无误后，将相关领导审批通过的电子报销单明细进行打印，一并粘贴。

公司 B：

单据初审员打印电子报销单明细，与粘贴有实物单据的纸质报销单一并提交至相关会计人员进行稽核。会计人员还需检查报销人是否存在个人借款，若存在个人借款，则需先将借款冲销，多余的款项再进行报销。

公司 C、D、E：

报销人需将粘贴有实物单据的纸质报销单提交至相关会计人员进行稽核，并将相关领导审批通过的电子报销单明细进行打印，一并粘贴。另外，会计人员还需检查报销人是否存在个人借款，若存在个人借款，则需先将借款冲销，多余的款项再进行报销。

4. 结算支付

公司 A：

出纳人员直接将稽核无误的报销单执行结算支付，完成报销人的差旅费报销流程。

公司 B、C、D、E：

会计人员稽核报销人存在借款时，在冲销借款后仍有多余的待报销金额，再由出纳人员执行结算支付。

5. 财务凭证

公司 A：

相关会计人员将已结算支付的差旅费报销业务，在总账系统中生成相应的财务凭证，会计分录如下：

借：管理费用——差旅交通费——××部门

　贷：银行存款

公司 B、C、D、E：

报销人存在借款时，在冲销借款后无多余的款项需要报销的，则直接在总账系统中生成冲销个人借款业务的财务凭证，会计分录如下：

借：管理费用——差旅费

　贷：其他应收款——个人业务借款

若冲销借款后仍有多余的款项，则需在总账系统中生成冲销借款和结算支付的财务凭证，会计分录如下：

借：管理费用——差旅费

　贷：其他应收款——个人业务借款

　　银行存款

6. 归档

归档员对以上流程涉及的所有相关单据、凭证进行归档管理，具体的管理要求如下：

公司 A、B、C、D：

差旅费报销涉及的实物及电子档案均由各单位独立保管，规定财务部门可临时保管一年，再移交档案管理部门进行独立保管。

公司 E：

下属单位快递邮寄实物单据至 E 公司总部进行统一管理。

2.4.1.3 流程描述

公司 A、B、C、D、E 员工差旅费报销及核算过程中涉及的输入单据、输出单据及需要关注的重点内容见表 2－6 所示。

表 2－6　差旅费报销流程描述

步骤		责任人	输入	输出	关注点
编号	名称				
1	填报	报销人	火车票、机票行程单、出租车票等实物单据	电子报销单	(1) 报销时点 (2) 超公司标准报销的处理 (3) 报销单的样式
2	初审扫描	单据初审员	粘贴有实物单据的纸质报销单	上传影像系统的实物单据信息	是否进行单据初审
3	审批	部门经理、项目经理	电子报销单、超标准报销申请单	审批通过的电子报销单、超标准报销申请单	(1) 审批流程 (2) 原始实物单据的流转、查看
4	稽核	会计人员	审批通过的电子报销单、实物单据、超标准报销申请单、个人借款明细表	审核通过的电子报销单、实物单据、超标准报销申请单	(1) 稽核流程 (2) 稽核内容
5	结算支付流程	出纳	审核通过的电子报销单	付款成功信息	(1) 结算支付的情况 (2) 支付的时点
6	财务凭证	会计人员	付款成功信息	差旅费报销财务凭证	凭证分录内容
7	会计档案归档流程	归档员	电子报销单、会计凭证及实物单据	整理成册的会计档案	档案管理模式

2.4.1.4 单据样式

差旅费报销过程中涉及的主要单据及样式，详见具体图示。

■ 单据一：公司 A 差旅费电子报销单样式，如图 2－6 所示。

■ 单据二：公司 B、C、D、E 差旅费电子报销单样式，如图 2－7 所示。

差旅费电子报销单（范本）

单位名称	山东通用软件有限公司	部门名称	实施部	报销人	王蕾	制单人	王蕾
填报日期	2016.11.10	单据编号	CL2016111000009	单据状态	制单	附件	4
填报说明	北京VIP客户回访出差			报账合计	2519.00	大写:	贰仟伍佰壹拾玖元整

行程明细 | 费用分摊 | 支付信息 | 附件 | 审批日志

出发时间	到达时间	出发城市	到达城市	交通工具	车次/航班	席位等级	票价	住宿费	市内交通费	其他	票据张数	报销金额
2016.11.2 13:23	2016.11.2 15:23	济南	北京	火车	G14	二等座	184.50	2100.00	50.00		3	2334.50
2016.11.9 16:00	2016.11.9 18:00	北京	济南	火车	G19	二等座	184.50				1	184.50
							369.00	2100.00	50.00		4	2519.00

行程明细 | 费用分摊 | 支付信息 | 附件 | 审批日志

费用项目	核算项目	分摊金额	分摊单位	分摊部门	说明
制造费用-直接费用-差旅交通费	制造费用-差旅交通费	2519.00	山东通用软件有限公司	实施部	

行程明细 | 费用分摊 | 支付信息 | 附件 | 审批日志

支付方式	付款币种	付款账户	银行类型
网上银行	人民币	6225885443526730	招商银行

行程明细 | 费用分摊 | 支付信息 | 附件 | 审批日志

附件名称	附件说明

行程明细 | 费用分摊 | 支付信息 | 附件 | 审批日志

审批人	审批日期	审批内容

图 2-6 公司 A 差旅费电子报销单样式

差旅费电子报销单

单位名称		部门名称		报销人		制单人	
填报日期		单据编号		单据状态		附件张数	
填报说明				报账合计		大写金额	

行程明细 | 费用分摊 | 支付信息 | 附件 | 审批日志

出发城市	出发时间	车次/航班	到达城市	到达时间	交通工具	车船/机票费	其他费用	票据张数	住宿费	发票号码	报销金额

行程明细 | 费用分摊 | 支付信息 | 附件 | 审批日志

费用类型	费用项目	核算项目	分摊金额	分摊单位	分摊部门	说明

行程明细 | 费用分摊 | 支付信息 | 附件 | 审批日志

收款人	付款货币	付款金额	支付方式	收款账号	开户银行	银行类型

行程明细 | 费用分摊 | 支付信息 | 附件 | 审批日志

附件名称	附件说明

行程明细 | 费用分摊 | 支付信息 | 附件 | 审批日志

审批人	审批日期	审批内容

图 2-7 公司 B、C、D、E 差旅费电子报销单样式

■ 单据三：超标准报销申请单样式，如图 2-8 所示。

超 标 准 报 销 申 请 单（范本）

单位名称	山东通用软件有限公司	部门名称	实施部	申请人	王蕾	制单人	王蕾
单据日期	2016.11.10	单据编号	TS2016111000008	单据状态	制单	附件张数	1
申请说明	北京VIP客户回访出差，住宿超额申请。			申请金额	2100.00	大写金额	贰仟壹佰元

附件 | 审批日志

附件名称	附件说明
住宿发票	

附件 | 审批日志

审批人	审批日期	审批内容

图 2-8 超标准报销申请单样式

■ 单据四：差旅费纸质报销单据样式，如图 2-9 所示。

差 旅 费 报 销 单 据（范本）

结算日期：2016年11月10日　　　　结算部门：实施部

结算人姓名：王蕾	项目	张数	金额	借款情况
	车船费	2	369	原借款数￥
出差事由：北京VIP客户回访出差	交通费	1	50	交回款数￥
出差天数：7	住宿费	1	2100	补付款数￥
同行人数：0	其他费用			
备注	报销合计￥2519.00	报销金额（大写）：贰仟伍佰壹拾玖元		

单位负责人：　　部门经理：　　稽核：　　报销人：王蕾

图 2-9 差旅费纸质报销单据样式

2.4.1.5 思考题

（1）哪些行业企业差旅费用支出较多？请列举说明。

（2）差旅费报销业务是否适合纳入财务共享范围？

（3）差旅费报销制度是否可以在集团内进行统一？

（4）差旅费报销业务在财务共享建设时应如何加强管控，以降低成本与控制风险、提高效率？

（5）差旅费报销与员工利益切身相关，如何能提高员工满意度？

2.4.2　应收核算及收款结算业务流程

2.4.2.1　管理制度

本制度中应收工程款主要是指S集团国内各项目部根据建造合同，分阶段对已完工的工程项目向建设单位收取工程款的业务。其中，建设单位是指建设工程项目的投资主体或投资者，也称为业主单位或项目业主，后文中相关“业主”概念参考此描述。

依据S集团的应收工程款管理规定，部分管理制度有以下几点：

1. 应收入账

公司C、D：

各项目部在应收入账时，依据业主验工计量单、业主转账通知书、相关合同协议书等实物单据，对已完工项目及时确认应收工程款，并进行入账处理。

公司A、B、E：

各项目部应收入账时，按开具的销售发票及时确认应收工程款，并进行入账处理。

2. 信用管理

在信用管理方面，公司B、C、E各项目部由于管理方式不同，并未形成各公司层面统一的信用管理制度，主要由各项目部根据自身业务的实际情况分别进行管理。公司A、D则采用统一的管理制度，部分要求如下：

(1) 信用等级

所有拟与各项目部产生赊销交易的业主均需要进行信用等级评定。业主信用等级分为5个等级：一类、二类、三类、四类、五类，具体含义如下：

一类：为优秀业主，指规模较大，信誉良好，经营情况、财务状况均较好的业主。

二类：为良好业主，指有一定规模，与公司有长期业务往来，信誉较好的业主。

三类：为中等业主，指付款情况良好，经济实力较好，信誉较好，但与公司业务往来不多的业主。

四类：为一般业主，指经营情况、付款情况一般，与公司有一定业务往来的业主。

五类：为较差业主，指有不良付款记录、信誉较差的业主。

(2) 信用资料

在管理业主信用档案时，需要收集不同的信用资料，具体要求如下：

所有业主必须提交的资料：业主公司简介、章程、验资报告、产品资质证明、银行开户信息及相关保证文件。

第四、五类业主需额外提供的资料：公司土地证、房产证复印件，公司前一年度审计报告及近期财务报表、银行评级证明、所有的银行账户信息。

(3) 授信策略

各项目部应根据业主的信用等级实施区别授信，确定不同的授信策略，原则上合作时间不满一年的业主不授予信用额度，具体的授信策略见表 2-7 所示。

表 2-7　　公司 A、D 授信策略

信用等级	信用额度	回款期限	抵押/担保
一　类	700 万以上	不超过 60 天	无
二　类	500 万～700 万	不超过 30 天	无
三　类	100 万～500 万	不超过 20 天	无
四　类	50 万～100 万	不超过 10 天	与信用额度相同的抵押、担保
五　类	不给予授信		

(4) 业主信用有效期

各项目部应根据不同的信用等级，规定不同的信用有效期，具体要求见表 2-8 所示。

表 2-8　　公司 A、D 信用有效期

信用等级	信用有效期
一　类	≤6 个月
二　类	≤6 个月
三　类	≤3 个月
四　类	≤3 个月
五　类	不给予授信

3. 收款管理

S 集团各项目部收款账户由各项目部自行管理，所有现金、支票、汇票等货币资金原则上由各项目部出纳人员负责统一收款，特殊情况下业务人员根据各项目部授权向业主收取的现金，应及时将现金交付给项目财务部指定的出纳收款人员。

各项目部收取业主各种款项，单次收款金额超过 1 万元时，应通过转账方式汇入各项目部指定的账户。

任何部门或个人均不得将收到的现金存放在部门或由个人保管(最迟次日必须存

行或转交公司财务部）。

任何部门或个人不得从收到的公款中坐支现金（即不允许从收到的公款中直接支付任何形式或名目的费用）。

4. 坏账政策

S集团各项目部对应收款项均采用账龄分析法来提取坏账准备金。公司A、B、C、D、E各项目部的坏账政策分别要求如下：

公司A、C：

规定各项目部在分析账龄时，以工程项目及业主维度每月进行账龄分析，账龄分析表样式见表2－9所示。

表2－9　　公司A、C账龄分析表样式

项　目	一个月以内	1～3月	3～6月	6～12月	1～3年	3～5年	5年以上
××工程项目＋××单位	应收金额	应收金额	应收金额	应收金额	应收金额	应收金额	应收金额
计提比例	—	—	—	5%	20%	50%	100%

根据账龄分析表定期对应收账款进行检查，按账龄区间及计提比例对应收款项初步确认坏账损失金额，同时结合信用期限、债务人的信誉和当时的经营状况等因素，确定各项应收款项的可收回性，计提相应的坏账准备。

计提坏账后，应结合各项目部信用政策及信用档案的业主数据，对已经实际形成坏账的应收账款及时进行坏账处理并冲减，同时根据坏账情况及时调整各业主的信用等级及信用额度。

公司B、D、E：

各项目部在分析账龄时，以业主维度按年进行账龄分析，1年以内的应收账款计提坏账比例为5%，1～2年的应收账款计提坏账比例为8%，2～3年的应收账款计提坏账比例为20%，3年以上的应收账款计提坏账比例为80%。

5. 结账日期

公司B、C：各项目部的结账日期为每月27日。

公司A、D、E：各项目部的结账日期为每月25日。

2.4.2.2　流程图

公司C、D应收对上计价及结算业务流程，如图2－10所示。

公司A、B、E应收对上计价及结算业务流程，如图2－11所示。

（说明：对上计价是指业主对施工单位的计价）

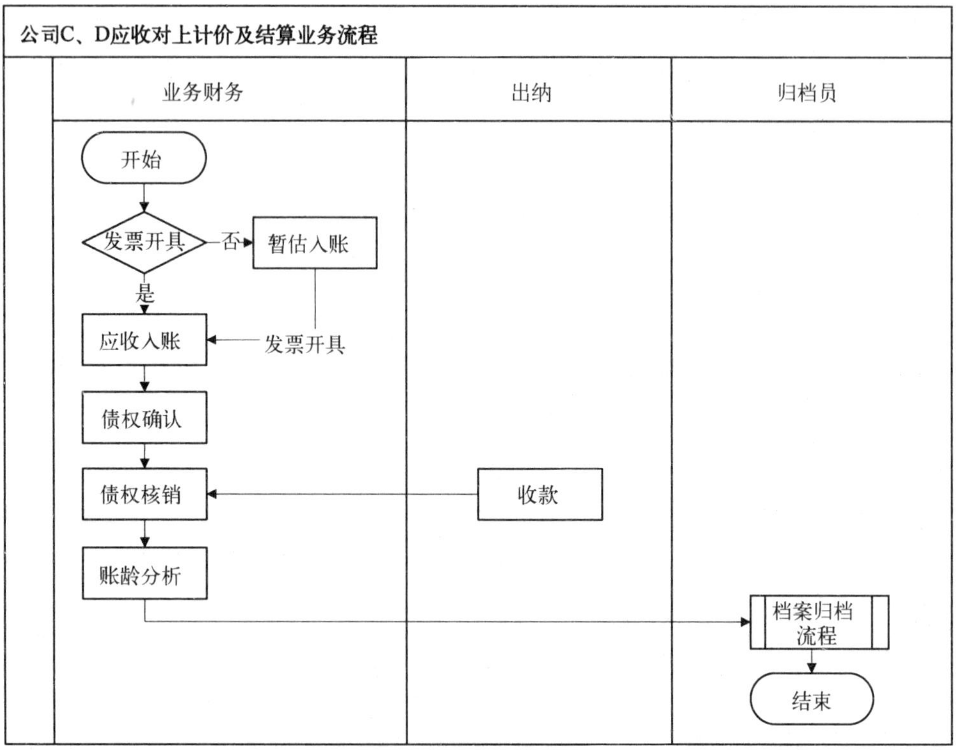

图 2－10　公司 C、D 应收对上计价及结算业务流程

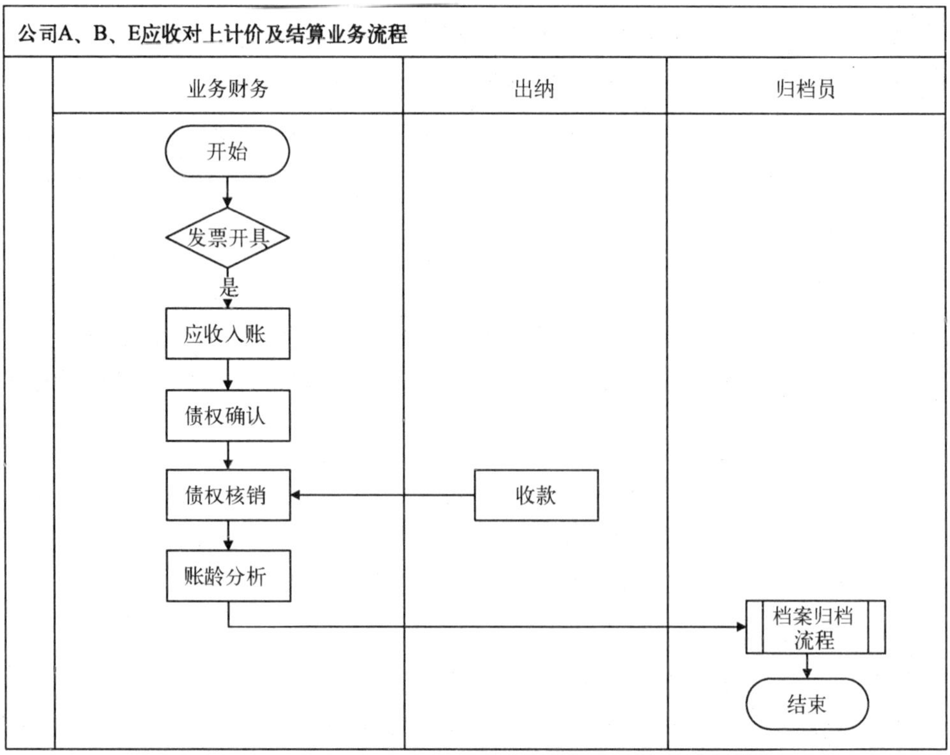

图 2－11　公司 A、B、E 应收对上计价及结算业务流程

1. 发票开具

公司A、B、C、D、E会计人员依据业主验工计量单、业主转账通知书、相关合同协议书等实物单据开具相应发票。

2. 应收入账

公司C、D：

要求会计人员先对应收工程款进行暂估入账，再按发票进行应收入账，分两步完成。具体流程如下：

(1) 应收暂估入账

会计人员通过项目管理系统“对上验工计价单”中的不含税金额等内容确认工程结算、暂估应收款，并据此自动生成相应财务凭证，凭证分录如下：

借：应收账款——暂估应收款

　贷：工程结算

(2) 应收入账

会计人员按业主验工计量单、业主发票信息等内容在债权债务系统中手工登记债权信息，并依据不含税金额、税额、含税金额等内容，冲减暂估应收款、确认应收工程款及销项税额，自动生成相应财务凭证，凭证分录如下：

借：应收账款——应收工程款

　贷：应收账款——暂估应收款

　　应交税费——应交增值税——销项税额

公司A、B、E：

要求当月已验收完工项目必须当月开具相关发票，并由会计人员按业主验工计量单、业主发票信息等内容在债权债务系统中手工登记债权信息，并依据不含税金额、税额、含税金额等内容自动生成相应财务凭证，凭证分录如下：

借：应收账款——应收工程款

　贷：工程结算

　　应交税费——应交增值税——销项税额

3. 债权确认

公司A、B、C、D、E各项目部在债权确认环节，由会计人员按业主验工计量单、业主发票信息等内容在债权债务系统中手工登记债权信息。

4. 收款

公司A、C、D：

出纳人员依据收款详细信息，若有电子回单，则在资金管理系统内引入回单自动登记收款；若无电子回单，则在资金系统内手工登记收款，并由会计人员在系统中自动生成收款凭证，凭证分录如下：

借：银行存款

贷：应收账款——应收工程款

公司 B、E：

出纳人员依据收款详细信息，通过 Excel 手工登记收款单据，由会计人员手工制作收款凭证，凭证分录如下：

借：银行存款

贷：应收账款——应收工程款

5. 债权核销

公司 A、D：

会计人员根据资金系统内收款信息自动核销业主债权信息，并生成相关业主的账龄分析。

公司 B、C、E：

会计人员根据收款单据等信息，对业主债权情况人工核销，并生成相关业主的账龄分析。

6. 账龄分析

公司 A、C：会计人员依据更新后的债权信息按月出具各自的账龄分析表。

公司 B、D、E：会计人员依据更新后的债权信息按年出具各自的账龄分析表。

7. 会计档案归档

S 集团各项目部对以上流程涉及的票据、凭证进行归档管理。

2.4.2.3 流程描述

S 集团应收与收款业务核算过程中涉及的输入单据、输出单据及需要关注的重点内容见表 2－10 所示。

表 2－10　应收与收款业务流程描述

步骤		责任人	输入	输出	关注点
编号	名称				
1	发票开具	会计人员	业主验工计量单、业主转账通知书、相关合同协议书等实物单据	销售发票	——
2	应收入账	会计人员	业主验工计量单、业主转账通知书、相关合同协议书、销售发票等实物单据	应收暂估入账、应收入账	(1) 应收入账是否分两步 (2) 凭证生成方式

续 表

步骤		责任人	输入	输出	关注点
编号	名称				
3	债权确认	会计人员	业主验工计量单、销售发票等	更新债权信息	——
4	收款	项目出纳	收款信息或银行回单	收款单	(1) 收款单据登记方式 (2) 凭证生成方式
5	债权核销	会计人员	收款单、债权信息	更新的债权信息	债权核销的方式
6	账龄分析	会计人员	更新的债权信息	账龄分析表	(1) 坏账分析的维度 (2) 坏账计提周期 (3) 信用政策
7	会计档案归档流程	归档员	会计凭证及实物单据	整理成册的会计档案	(1) 档案管理模式 (2) 结账日期

2.4.2.4 单据样式

应收与收款业务过程中涉及的主要单据及样式，详见下图所示。

■ 单据一：工程承包合同登记单样式，如图 2－12 所示。

工程承包合同登记单（范本）

合同编号	MCNCSK-CXJG-SG	编制日期	2016/3/2	工程类别	铁路
编制人	王金虎	工程名称	新建京华至十堰铁路三峡至十堰段	发包人	京华城际铁路有限责任公司
发包方企业性质	国有企业	承包人	华十铁路9标项目经理部	项目名称	新建京华至十堰铁路三峡至十堰段HSSG-4标段
合同总造价	5,738,764,432.00	合同分类	工程承包合同	签约日期	2016/3/1
总造价大写	伍拾柒亿柒仟叁佰捌拾肆万肆仟肆佰叁拾贰元整			合同订立年份	2015年
合同开工日期	2016/4/1	合同竣工日期	2019/12/30	工期	1365天
类型	工程承包合同	合同计价形式	固定总价	承包模式	C
争议解决方式	调解、诉讼	工程款支付方式	有预付款	地域	京华

附件

清单名称	清单类型	编制日期	清单合价	备注
新建京华至十堰铁路三峡至十堰段HSSG-4标复核清单	复核清单	2016/2/2	5,738,764,589.00	
新建京华至十堰铁路三峡至十堰段HSSG-4标工程量清单	中标清单	2016/2/1	5,738,764,432.00	

图 2－12 工程承包合同登记单样式

■ 单据二：业主验工计量单样式，如图 2－13 所示。

CB29

业主验工计量单

（承包 [2016] 计量01号）

合同名称：××工程

（九标段：××工程） 合同编号：MCNCSK-CXJG-SG

致：××监理公司

我方按施工合同约定，在××年××月××日至2016年11月8日共完成了35个工序/单元工程的施工，其工程质量已经检验合格，并对工程量进行了计量测量。现提交测量结果，请贵方核准。

承 包 人：××公司

××公司××项目经理部

项目经理：

日 期：2016年11月8日

序号	项目名称	合同价号	单价（元）	单位	申报工程量	监理核准工程量	备注
1	第一部分 建筑工程	一					
2	大坝工程	（一）					
3	坝顶工程	（二）					
4	上游坝坡整治	1					
5	弃土挖运1km	2	14.4	m^3	3224.6		
6	弃土挖运50m（运至围堰）	3	12.61	m^2	1814.4		
7	坝坡粘土斜墙填筑机械压实（利用溢洪道弃土运200m）	4	16.7	m^3	1219.8		
8	下游坝坡整治	1					
9	坝坡表层土清除（运1km）	2	13.63	m^3	3521.14		
10	坝坡整平蛙夯夯实（利用溢洪道弃方运200m）	3	0.87	m^3	727.4		
11							
12							
13							
14							
15							
	附件：计量测量资料						

（核准意见）

监理机构：××监理公司监理部

监理工程师：

日 期： 年 月 日

说明：本表一式 4 份，由承包人填写。监理机构核签后，承包人2份，监理机构、发包人各1份，作为当月已完工工程量汇总表的附件使用。

图 2－13 业主验工计量单样式

■ 单据三：支付申请书样式，如图 2－14 所示。

CB31　　工程价款月支付申请书

（承包 [2016] 11月付09-001号）

合同名称：××项目
（九标段：××工程）　　合同编号：MCNCSK-CXJG-SG

致：××监理公司××监理部 现申请支付 2016 年8 月工程价款金额共计（大写）壹佰叁拾万叁仟玖佰捌拾伍元肆角柒分(小写 1，303，985.47元)，请贵方审核。 附表： 1. 工程价款月支付汇总表。 2. 已完工程量汇总表。 3. 合同单价项目月支付明细表。 承 包 人：××公司 项目部 项目经理： 日　　期：2016年11月8日
审核后，监理机构将另行签发月付款证书。 监理机构：××监理公司××监理部 签 收 人： 日　　期：2016年　　月　　日

说明：本申请书及附表一式 4 份，由承包人填写。监理机构审签后，作为支付证书的附件报送发包人批准。

图 2－14　支付申请书样式

■ 单据四：业主转账通知书样式，如图 2－15 所示。

CB32　　业主转账通知书

（监理〔2016〕11月付9-001号）

合同名称：××项目
（九标段：××工程）　　合同编号：MCNCSK-CXJG-SG

致：××发包方项目办公室 经审核××公司××项目部工程价款月支付申请书（承包[2016]11月付9-001号），本月应支付给承包人的工程价款金额共计为（大写）壹佰叁拾万叁仟玖佰捌拾伍元肆角柒分，(小写 1，303，985.47元)。 根据施工合同约定，请贵方在收到此证书后的 14 天之内完成审批，将上述工程价款支付给承包人。 附件：月支付审核汇总表。 监理机构：××监理公司××监理部 项目部 总监理工程师： 日　　期：2016年11月8日

说明：本证书一式　4　份，由监理机构填写。发包人、监理机构各1份，承包人2份。办理结算时使用。

图 2－15　业主转账通知书样式

■ 单据五：对上验工计价报表样式，如图 2－16 所示。

对 上 验 工 计 价 报 表

单位名称：××项目　　　　编制日期：　　　　单位：元

序号	工程项目内容及费用名称	计量单位	建设单位批复计价情况											
			工程数量			中标单价/变更单价	合同价	本期完成		本年完成		开累完成		
			中标清单	变更清单	合计			数量	合价	数量	合价	数量	合价	
1														
2														
3														

图 2－16　对上验工计价报表样式

■ 单据六：建筑业统一销售发票样式，如图 2－17 所示。

建 筑 业 统 一 发 票（自开范本）

发票联

开票日期：　　　　发票代码：
　　　　　　　　　发票号码：

机打代码 机打代码 机器号码		税控码			
付款方姓名		身份证/组织机构代码/纳税人识别号		是否为总包人	
收款方姓名		身份证/组织机构代码/纳税人识别号		是否为总包人	
工程项目名称	工程项目编号	结算项目	金额（元）	完税凭证号码(代扣代码)	
合计金额（元）（大写）					
备注：			主管税务机关及代码		

开票人：　　　　开票单位签章：

图 2－17　建筑业统一销售发票样式

■ 单据七：收款单样式，如图 2－18 所示。

收 款 单（范本）

基本信息					
单据编号	SK201601102364	业务单位	××项目部	部门名称	财务部
经办人	王金虎	申请日期	20161101	单据状态	制单
业务信息					
业务类型	业主资金往来	是否有合同	有	结算方式	电汇
收款日期	20161103	收款账号	622700234982331	户名	建设银行京华分行
收款金额	387,230.00	币种	人民币	汇率	1
收款金额大写	叁拾捌万柒仟贰佰叁拾元	本币金额	387,230.00	本币金额大写	叁拾捌万柒仟贰佰叁拾元
款项性质	应收账款	工程项目	××项目部	合同编号	KGSQ-SEWQVEE
摘要	收业主结算款	附件张数	5	备注	
付款单位	京华城际铁路有限公司	付款账号	622500984443881	开户行	招商银行京华分行

图 2－18　收款单样式

2.4.2.5　思考题

(1) 集团各子公司项目部应用的信息系统有哪些？在风险、效率、成本方面有何区别？

(2) 应收与收款业务的整体流程是什么？在进行财务共享中心建设时，需规划几个流程才能满足整个集团应收与收款业务的需要？若存在不一致的情况，可否进行统一？

(3) 应收与收款业务中涉及哪些业务环节？哪些业务环节可纳入财务共享中心统一处理？依据及目的是什么？

(4) 应收与收款业务中涉及的部门或岗位有哪些？哪些部门或岗位可纳入财务共享中心统一处理？依据及目的是什么？

(5) 集团各子公司项目部在应收入账环节有何不同？哪种方式更规范、合理？如何统一？

(6) 财务共享中心的建设，如何平衡风险、效率及成本之间的关系？

2.4.3　应付核算及付款结算业务流程

2.4.3.1　管理制度

S集团国内各子公司项目部涉及的应付与付款业务内容基本都是一致的，主要包括以下几项：

(1) 在项目建设过程中劳务供应商提供劳务服务产生的应付业务、预付业务及结算办理业务。

(2) 在项目建设过程中分包供应商提供的专业工程服务产生的应付业务、预付业务及结算办理业务，且分包供应商因管理方式和核算内容不同又可分为内部分包供应商及外部分包供应商。

(3) 在项目建设过程中机械供应商提供的机械设备服务产生的应付业务、预付业务及结算办理业务。

(4) 在项目建设过程中因材料采购产生的应付、预付业务及结算办理业务，该材料采购的来源主要包括外部供应商供货、业主供货、内部调拨等。

(5) 在项目建设过程中外部单位提供的设计服务、技术支持服务等产生的应付、预付业务及结算办理业务。

(6) 在项目建设过程中，业主、项目部、分包商之间各类往来业务产生的应付、预付及核销业务。

本制度中的应付与付款业务，以与外部供应商的材料采购为例进行流程梳理及分析。S集团各国内子公司项目部在日常采购时，根据采购计划提出采购申请，并通过询报价或招投标方式确认供应商并签订合同，由供应商按合同约定进行后续货物派送，物资部则按实际到货情况进行入库核算管理，该业务主要由物资部、采购部等部门通过项目管理系统进行相关控制和管理。依据公司A、B、C、D、E的应付管理规定，具体来说，部分管理制度要求如下：

1. 对账管理

为了保证项目部与供应商双方实物与账目相符，S集团要求各项目部每月至少应与供应商完成一次对账工作。每次对账时由供应商提供账期内供货的名称、品种、规格、数量、单价、金额等对账单信息，各项目部提供账期内手续齐全的订单、采购收货单、合同、发票等对账单信息，由供应商或项目部财务人员完成对账。

账期：是指供应商供货后，直至各项目部与供应商对账的这段时间。

公司C、D：各项目部对账日期为每月23日，账期为上月23日至本月22日。

公司A、B、E：各项目部对账日期为每月20日，账期为上月20日至本月19日。

2. 入账管理

公司A、B、C、D：

根据发票是否到达，分别进行入账管理，具体内容如下：

(1) 验收入库，发票已收到

物资管理人员收到供应商货物并验收入库后，且已收到发票，由会计人员按发票相关内容进行应付入账。

会计人员在进行应付入账处理时，必须对采购订单、采购收货单及供应商发票信息进行审核校对(即"三单匹配"要求)，如果信息一致，则进行记账或执行结算支付流程。

(2) 验收入库，发票尚未收到

物资管理人员收到供应商货物并验收入库后，若发票尚未收到，由会计人员按要求依据采购收货单相关内容进行暂估入账处理。

待后续收到发票时，需要对暂估入账进行红冲，然后按发票相关内容进行应付入账。会计人员在进行应付入账处理时，同样需要检查三单匹配的情况。

公司E：

根据发票是否到达，分别进行入账处理，具体内容如下：

(1) 验收入库，发票已收到

物资管理人员收到供应商货物并验收入库后，且已收到发票，则由会计人员检查三单匹配后，依据确认的债务信息进行应付入账处理。

(2) 验收入库，发票尚未收到

各项目部物资管理人员收到供应商货物并验收入库后，若发票尚未收到，则按要求依据暂估债务相关内容进行暂估入账处理。

待后续收到发票时，需要对暂估债务进行红冲，然后依据确认的债务信息进行应付入账，入账时同样需要检查三单匹配的情况。

3. 付款管理

(1) 付款账户

公司B、C：各项目部银行支付账户开户行为中国建设银行。

公司A、D、E：各项目部银行支付账户开户行为中国工商银行。

(2) 付款流程

公司C、D：

每月月初应按上月的债务到期情况、合同约定付款条件及实际完工情况，由业务人员编制资金计划，经相关领导审批通过后，由出纳人员依据资金计划填写付款申请单，再经相关领导审批通过后，对供应商进行支付。

公司A、B、E：

由业务人员依据供应商债务情况，填写付款申请单，经相关领导审批后，对供应商进行支付。

(3) 付款时间

公司C、D：每月15日付款，如遇节假日则顺延。

公司A、B、E：未明确规定付款时间。

(4) 付款方式

公司C、D：

使用自有账户通过银企直联的方式对外付款。

公司A、B、E：

付款方式有现金和网银转账两种方式。对于单次支付款项小于5 000元的支付业务允许采用现金方式进行付款；对于单次支付款项大于5 000元的支付业务必须通过网银转账方式进行付款。

4. 结账日期

公司A、E：结账日期为每月27日。

公司B、C、E：结账日期为每月25日。

2.4.3.2 流程图

公司C、D材料采购应付及付款业务流程，如图2-19所示。

公司A、B、E材料采购应付及付款业务流程，如图2-20所示。

1. 供应商对账

公司A、C、D：

各供应商通过供应商协同平台，对与各项目部发生的往来业务进行对账，对账单信息可通过供应商协同平台自助查询及核对，核对完成后，各供应商通过供应商协同平台填写对账单并提交开票申请，纸质发票通过邮寄或其他方式送达各项目部，各项目部财

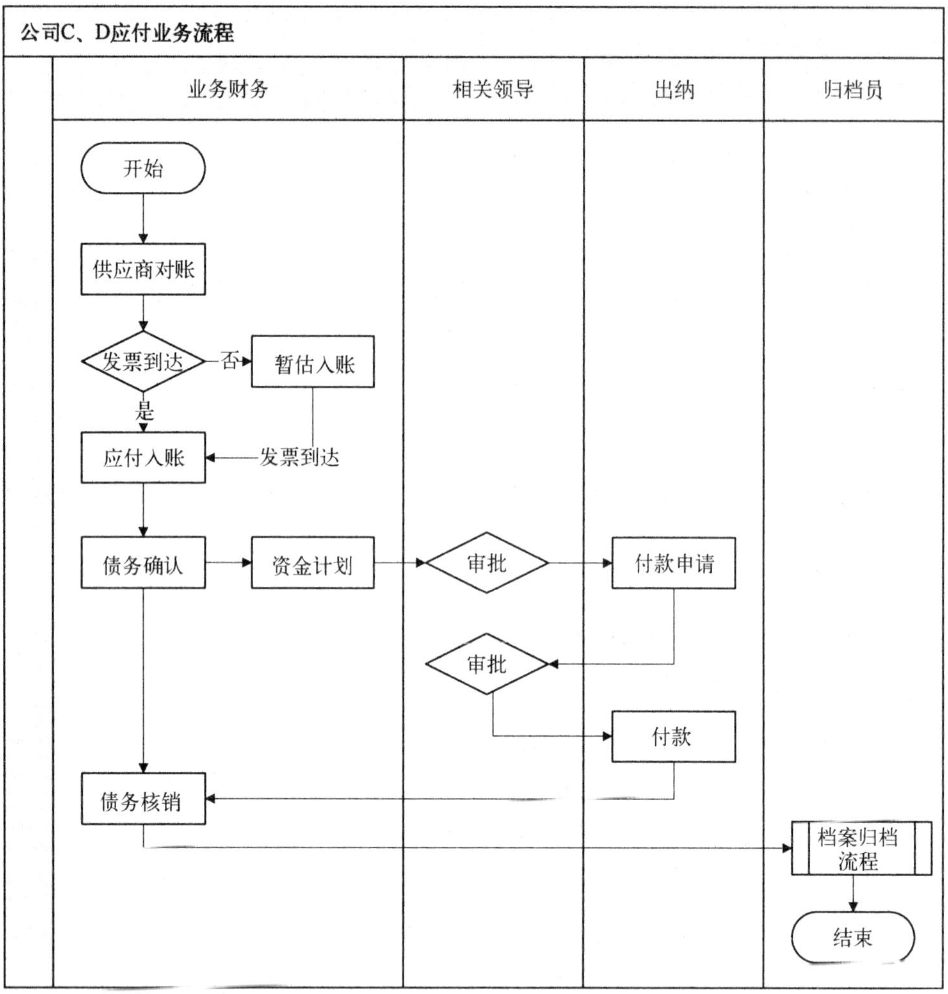

图 2－19　公司 C、D 材料采购应付及付款业务流程

务人员收到采购发票后与协同平台中开票申请进行核对，并通过登录国税系统人工进行发票认证。

公司 B、E：

在账期内，各供应商将加盖公章后的相关对账单，以邮寄或传真方式发送至各项目部。各项目部根据采购合同、采购订单、采购收货单及采购发票等信息与供应商进行对账，对账完成后供应商开具相应的发票，各项目部收到供应商纸质发票后，通过登录国税系统人工进行发票认证。

2. 应付入账

公司 A、B、C、D：

为了清晰地反映与供应商之间的债务关系以及便于进行往来对账，无论当月是否对供应商付款，在账务处理时各项目部均要求先进行应付入账处理，再进行结算支付，

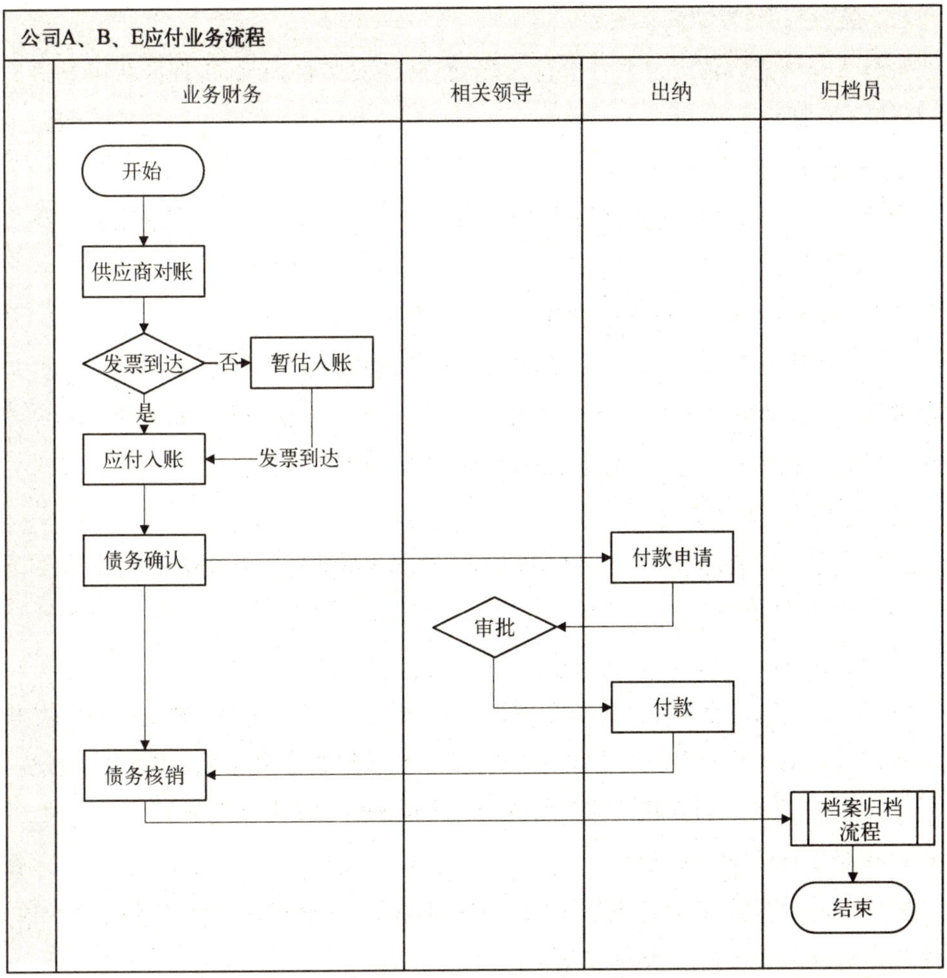

图 2－20　公司 A、B、E 材料采购应付及付款业务流程

分两步生成不同的财务凭证。本节内容中包含的财务凭证仅与应付入账有关，不包括结算支付的财务凭证。

根据发票是否到达，分别进行入账处理，具体内容如下：

(1) 验收入库，发票已收到

由会计人员依据发票中的不含税金额、含税金额、税额等内容确认原材料、应付账款和进项税额，自动生成相应财务凭证，凭证分录如下：

借：原材料

　　应交税费——应交增值税——进项税额

　贷：应付账款——××单位

其中，公司 A、D 是由业务人员在项目管理系统中录入类别为“正式入库”的“采购收货单”，并据此在项目管理系统中生成凭证；公司 B、C 是由业务人员在债权债务系统中手工登记确认的债务信息，并据此在债权债务系统中生成凭证。

(2) 验收入库,发票尚未收到

会计人员可先暂估应付款并进行入账处理,待发票收到时,再按应付账款进行入账,具体要求如下:

① 尚未收到发票时

会计人员按暂估应付款进行入账处理,自动生成相应财务凭证,凭证分录如下:

借:原材料

　贷:应付账款——暂估应付款——××单位

其中,公司A、D是由业务人员在项目管理系统中录入类别为“暂估入库”的“采购收货单”,并据此在项目管理系统中生成凭证;公司B、C是由业务人员在债权债务系统中手工登记暂估债务信息,并据此在债权债务系统中生成凭证。

② 后续收到发票时

会计人员首先要进行暂估红冲入账处理,自动生成相应财务凭证,凭证分录如下:

借:原材料(负数)

　贷:应付账款——暂估应付款(负数)——××单位

其中,公司A、D是由业务人员在项目管理系统中录入类别为“暂估红冲”的“采购收货单”,对之前暂估入库的采购收货单进行冲回,并据此在项目管理系统中生成凭证;公司B、C是由业务人员在债权债务系统中对之前的暂估债务信息进行手工冲回,并据此在债权债务系统中生成凭证。

暂估红冲入账后,再依据发票中的相关数据,确认原材料、应付账款和进项税额,自动生成相应财务凭证,凭证分录如下:

借:原材料

　　应交税费——应交增值税——进项税额

　贷:应付账款——××单位

其中,公司A、D是由业务人员在项目管理系统中录入类别为“正式入库”的“采购收货单”,并据此在项目管理系统中生成凭证;公司B、C是由业务人员在债权债务系统中手工登记确认的债务信息,并据此在债权债务系统中生成凭证。

公司E:

针对当月未付款的材料采购业务,由会计人员进行应付入账处理,生成相应财务凭证;针对当月付款的材料采购业务,不必按“先应付入账再结算支付”两步进行入账,只需在结算支付时直接生成相应凭证即可,此处不予描述。

根据发票是否到达,分别进行入账处理,具体内容如下:

(1) 验收入库,发票已收到

由会计人员依据发票中的不含税金额、含税金额、税额等内容确认原材料、应付账款和进项税额，自动生成相应财务凭证，凭证分录如下：

借：原材料

应交税费——应交增值税——进项税额

贷：应付账款——××单位

该凭证是由业务人员在债权债务系统中手工登记确认的债务信息，并据此在债权债务系统中生成。

(2) 验收入库，发票尚未收到

会计人员可先暂估应付款并进行入账处理，待发票收到时，再按应付账款进行入账，具体要求如下：

① 尚未收到发票时

会计人员按暂估应付款进行入账处理，自动生成相应财务凭证，凭证分录如下：

借：原材料

贷：应付账款——暂估应付款——××单位

该凭证是由业务人员在债权债务系统中手工登记暂估债务信息，并据此在债权债务系统中生成。

② 后续收到发票时

会计人员首先要进行暂估红冲入账处理，自动生成相应财务凭证，凭证分录如下：

借：原材料(负数)

贷：应付账款——暂估应付款(负数)——××单位

该凭证是由业务人员在债权债务系统中对之前的暂估债务信息进行手工冲回，并据此在债权债务系统中生成。

暂估红冲入账后，再依据发票中的相关数据，确认原材料、应付账款和进项税额，自动生成相应财务凭证，凭证分录如下：

借：原材料

应交税费——应交增值税——进项税额

贷：应付账款——××单位

该凭证是由业务人员在债权债务系统中手工登记确认的债务信息，并据此在债权债务系统中生成。

3. 债务确认

S集团各项目部若存在供应商预付款，则优先核销与供应商的预付款，然后再进行债务的确认。

公司A、D：

各项目部依据对账单信息、正式入库的采购收货单信息自动更新供应商债务信息，并由业务人员进行检查确认。对于发票未到暂估入库的情况，不更新债务。

公司B、C：

对于发票已到的情况，由业务人员在债务系统中手工登记债务信息；对于发票未到暂估入库的情况，依据对账单信息、采购收货单信息，在债权债务系统中手工登记暂估债务信息；收到发票时，先在债务系统中进行暂估债务冲回，然后再重新确认债务信息。

公司E：

针对当月未付款的业务，区分发票已到、发票未到、后续收到等情况，在债权债务系统中手工登记相关债务信息；当月已付款的业务，不登记债务信息。

4. 结算支付

公司C、D：

由业务人员在资金管理系统中编制资金计划，经财务主管、项目经理、公司资金管理岗在系统内三级审批后，再由项目部出纳人员在资金管理系统内依据资金计划填写付款申请，并经财务主管、项目经理系统内两级审批后，由出纳人员在规定时间内对供应商进行支付。支付成功后依据银行回单信息，由会计人员在资金系统中自动生成相应的财务凭证，凭证分录如下：

借：应付账款——××单位

　贷：银行存款

公司A、B：

由业务人员手工填写纸质付款申请单，经财务主管、项目经理两级审批后，由出纳人员对供应商进行支付。支付成功后依据付款成功信息，由会计人员手工制作相应财务凭证，凭证分录如下：

借：应付账款——××单位

　贷：银行存款

公司E：

针对当月未付款的材料采购业务，依据供应商催款的紧急程度进行结算支付。由业务人员手工填写纸质付款申请单，经财务主管、项目经理两级审批后，由出纳人员通过网银转账或现金方式付款，付款成功后依据付款成功信息，由会计人员手工制作相应财务凭证，凭证分录如下：

借：应付账款——××单位

　贷：银行存款

针对当月付款的材料采购业务，由业务人员手工填写纸质付款申请单，经财务主管、项目经理两级审批后，由出纳人员通过网银转账或现金方式付款，付款成功后依据付款成功信息，由会计人员手工制作相应财务凭证，凭证分录如下：

借：原材料

应交税费——应交增值税——进项税额

贷：银行存款/库存现金

5. 债务核销

公司 A、D：

各项目部根据资金系统内付款信息自动匹配债务信息，经人工核销后，生成相关供应商的账龄分析。

公司 B、C、E：

各项目部根据付款成功等信息，人工匹配各供应商债务情况后核销，并生成相关供应商的账龄分析。

6. 会计档案归档

S 集团各项目部对以上流程涉及的票据、凭证进行整理归档。

2.4.3.3 流程描述

S 集团各项目部采购业务核算过程中涉及的输入单据、输出单据及需要关注的重点内容见表 2－11 所示。

表 2－11 应付与付款业务流程描述

步骤		责任人	输入	输出	关注点
编号	名称				
1	采购对账	会计人员	采购合同、采购订单、采购收货单、采购发票	采购对账单	(1) 三单是否匹配 (2) 与供应商对账的周期及方式 (3) 发票获取及认证方式
2	应付入账	会计人员	采购订单、采购收货款、采购发票、采购对账单	暂估应付入账、暂估红冲、应付入账	(1) 应付入账是否分两步 (2) 凭证制单方式 (3) 凭证制单的错单率
3	债务确认	业务人员	采购收货单、发票、采购合同、采购对账单等实物单据	债务确认单据、暂估债务单据、暂估债务冲销单据	(1) 是否包含暂估债务等 (2) 债务确认录入方式
4	资金计划	业务人员	依据更新后债务及各单位资金付款管理办法	资金计划审批单	各单位或项目部是否采用资金计划审批单
5	付款申请	业务人员	资金计划审批单、发票、采购对账单、采购收货单、采购合同等相关实物单据	付款申请审批单	(1) 各单位或项目部是否采用付款申请审批单 (2) 付款申请是否采用纸质单据

续 表

步骤		责任人	输入	输出	关注点
编号	名称				
6	支付结算	出纳	付款申请审批单	付款成功信息	(1) 付款账户 (2) 付款方式 (3) 付款时间
7	债务核销	会计人员	依据付款信息按供应商核销相关债务	更新债权债务信息	债务核销方式
8	会计档案归档流程	会计人员	会计凭证及实物单据	整理成册的会计档案	各单位各自保管

2.4.3.4 单据样式

应付与付款业务过程中涉及的主要单据及样式，详见如下图示。

■ 单据一：采购合同登记单样式，如图 2-21 所示。

采购合同登记单（范本）

基本信息

单位名称	××公司××项目部	合同编号	KG-0001-SC	合同分类	物资采购	合同名称	水泥采购合同
供应商名称	东广建材集团	签订部门	采购部	签订人员	王××	交货地点	××铁路4标段
合同计价形式	固定总价	合同金额	555,000.00	签订日期	2016/1/20	开始日期	2016/2/1
结束日期	2016/12/20	制单日期	2016/1/25	制单人	张	备注	××铁路4标段一期工程水泥采

合同标的

编号	名称	规格型号	计量单位	数量	含税单价	含税金额	结算部门
10000022	普通硅酸盐水泥	P032.5袋装	吨	450	500	225,000.00	采购部
20000012	螺纹钢	HRB235一级(6)	吨	300	1,100.00	330,000.00	采购部

付款节点

付款内容	收付比例(%)	原币计划收付金额	本币计划收付金额	备注
预付账款	30	166,500.00	166,500.00	
应付账款	60	333,000.00	333,000.00	
应付质保金	10	55,500.00	55,500.00	

图 2-21 采购合同登记单样式

■ 单据二：采购订单样式，如图 2－22 所示。

订购单号：　DD-20151202-0008

采 购 订 单（范本）

订购日期：　2016年11月2日

采购方：××公司××项目部　　　　供货方：××公司
联系人：王××　　　　联系人：张××
电　话：　　　　电　话：
传　真：　　　　传　真：

序号	物品名称	规格型号	单位	数量	单价	金额	备注
1	螺纹钢	HRB235一级(6)	吨	1000	¥4 000.000	¥4 000 000.00	
2							
3							
4							
总金额：肆佰万元整					金额合计：4 000 000		

说明：
一、交货期限：2015年12月26日
二、交货方式：供货方送货　　交货地址：××铁路项目部
三、是否开票：是　　发票类别：增值税专用发票　　税率：17%
四、支付方式：银行转账　　付款约定：
五、合同编号：
六、所属项目：
七、其他约定：

采购方：（盖　章）　××公司××项目部　　　　供货方：（盖　章）　××公司
日　期：　　　　日　期：

图 2－22　采购订单样式

■ 单据三：采购收货单样式，如图 2－23 所示。

采购收货单（范本）

单据编号：	CG201601122XS	编制日期：	2016/11/8	编制人：	王××
库房：	项目部仓库	材料类别：	水泥	供应商：	××建材集团
合同：	HT0983-XM-001	采购权限：	项目自采	收料单位：	××项目部
备注：					
物料编号	物料名称	规格型号	单位	数量	金额
10000022	普通硅酸盐水泥	P032.5袋装	吨	300	1500
20000012	螺纹钢	HRB235一级(6)	吨	400	1200000

图 2－23 采购收货单样式

■ 单据四：供应商对账单样式，如图 2－24 所示。

供应商对账单（范本）

TO:	××建材集团	抄送：	采购部
收件人：	财务部	传真：	0595-85108888
电话：	010-45329871	账期：	9月
FORM:	××公司××项目部财务部	传真：	0595-85108731
电话：	0595-85104251	单位：	元

公司××项目部账目余额						××公司账面余额		
若贵公司账面余额与我公司账目余额不符，请说明原因								
原因：								
期间	款项性质	项目名称	采购数量	到货情况	付款情况	发票开具	方向	余额
7月	应付	螺纹钢采购	100吨	验收入库	未付	未开	贷方	400,000.00
8月	预付	螺纹钢采购	50吨	未到货	已付	未开	借方	200,000.00

图 2－24 供应商对账单样式

■ 单据五：采购发票样式，如图 2－25 所示。

××增值税专用发票（范本）

发票联　　　　开票日期：

<table>
<tr><td>购货单位</td><td colspan="5">名　　称：山东省××包装有限公司
纳税人识别号：142703949388479
地址、电话：济南市万锦幸福庄053185118943
开户行及账号：建行山大路支行6217003487732365247</td><td>密码区</td><td colspan="1">********************</td></tr>
<tr><td colspan="2">货物或应税劳务名称</td><td>规格型号</td><td>单位</td><td>数量</td><td>单价</td><td>金额</td><td>税率</td><td>税额</td></tr>
<tr><td colspan="2">工业纸板</td><td>810*1100</td><td>吨</td><td>3.5</td><td>2442.002593</td><td>8547.01</td><td>17%</td><td>1452.99</td></tr>
<tr><td colspan="2">合　　计</td><td></td><td></td><td></td><td></td><td>￥8547.01</td><td></td><td>￥1452.99</td></tr>
<tr><td colspan="2">价税合计（大写）</td><td colspan="4">壹万元整</td><td>（小写）</td><td colspan="2">￥10000.00</td></tr>
<tr><td>销货单位</td><td colspan="5">名　　称：
纳税人识别号：
地址、电话：
开户行及账号：</td><td>备注</td><td colspan="2"></td></tr>
</table>

收款人：　　　复核：　　　开票人：　　　销货单位：（章）

图 2－25　采购发票样式

■ 单据六：资金计划编制样式，如图 2－26 所示。

资金计划编制（范本）

编制单位：××公司　　部门：合约部　　方案：付款计划方案　　计划周期：2016/10/7--2016/11/6

计划编号	合同编号	对方单位	对方单位性质	收支项目	款项性质	币种	汇率	用途	付款金额
JH0001	KG-0001-SC	东广建材集团	外部单位	付款	支付货款	人民币	1	采购水泥付款	201,229.00
JH0002	KY-0004-CS	蓝海钢材集团	外部单位	付款	支付货款	人民币	1	采购钢材付款	13,984,292.00
JH0003	LW-0009-FY	东南劳务公司	外部单位	协作施工支出	劳务费	人民币	1	支付劳务费	354,019.00

图 2－26　资金计划编制样式

■ 单据七：采购付款申请单样式，如图 2-27 所示。

采购付款申请单（范本）

单据编号	FK20161101213	付款单位	××公司××项目部	资金计划	JH0001	支付速度	正常
付款金额	317,531.00	付款金额大写	叁拾壹万柒仟伍佰叁拾壹	合同编号	KG-0001-SC	期望支付日期	2016年11月25日
摘要（付款原因）				债务余额	784,321.00	累计付款金额	358,632.00
收款单位	××建材集团			收款账号	6225332489741156		
户名	东广建材集团××公司			开户行	招商银行京华分行		
省份	山东省	城市	济南市	附件张数	3		
制单人	王××	制单日期	2016年11月7日	结算方式	银企直联		

图 2-27　采购付款申请单样式

■ 单据八：付款登记单样式，如图 2-28 所示。

付款登记单（范本）

单据编号	FK201611231	付款单位	××公司××项目部	结算方式	银企直联	付款日期	2016年11月14日
付款金额合计	317,531.00	扣款金额大写	叁拾壹万柒仟伍佰叁拾壹	付款账号	622700234982331	款项性质	应付账款
资金计划	JH0001	制单人	王××	制单日期	2016年11月14日	摘要	付水泥款
合同收款人	东广建材集团××公司	收款账户	622533248974115	户名	东广建材集团××公司	城市	济南

图 2-28　付款登记单样式

2.4.3.5　思考题

(1) 项目部应该使用哪些信息系统？在风险、效率、成本方面有何区别？

(2) 应付与付款业务的整体流程是什么？财务共享中心建设时，需规划多少个应付流程才能满足整个集团应付与付款业务的需要？若存在成员单位不一致的情况，可否进行统一管理？

(3) 应付与付款业务中涉及哪些环节？哪些业务环节可纳入财务共享中心统一处理？依据及目的是什么？

(4) 应付与付款业务中涉及的部门或岗位有哪些？哪些部门或岗位可纳入财务共享中心？依据及目的是什么？

(5) 各项目部的应付入账环节有何不同？哪种方式更规范、合理？如何统一？

(6) 各项目部在结算支付环节有何不同？从效率、错单率、风险成本等角度讨论。

2.4.4　工资业务流程

2.4.4.1　管理制度

本制度中，工资业务主要包括工资的计提分配和工资发放两类业务，不包括代扣社会保险费、奖金发放等业务。依据公司A、B、C、D、E的工资管理规定，部分管理制度要求如下：

1. 发放对象

公司A：

包括正式职工、临时用工、退休返聘职工三类。

公司B、C、D、E：

包括正式职工、临时用工两类，五个公司的正式职工与临时用工的人员划分是一致的。

2. 包含内容

不同类型职工在发放工资时考虑的工资项目是不同的，具体如下：

公司A：

正式职工：工资项目包括岗位工资、绩效工资、午餐补贴、设备补贴、过节费、节日加班费、事假扣款、旷工扣款、迟到扣款、病假扣款、个人所得税、养老保险、医疗保险、失业保险、工伤保险、生育保险、住房公积金、借款扣回、其他扣款。其中借款扣回项目是指职工存在个人借款，按公司规定逾期未还时需在工资发放时进行扣除。

临时用工：工资项目包括岗位工资、计时工资、节日加班费、高温补贴、事假扣款、旷工扣款、养老保险、失业保险、工伤保险、病假扣款、其他扣款。

退休返聘职工：工资项目包括岗位工资、绩效工资、午餐补贴、设备补贴、过节费、节日加班费、事假扣款、旷工扣款、迟到扣款、病假扣款、个人所得税、借款扣回、其他扣款。

3. 公司B、C、D、E

正式职工：工资项目包括岗位工资、绩效工资、午餐补贴、工龄工资、加班费、租房补贴、交通补贴、事假扣款、旷工扣款、迟到扣款、个人所得税、养老保险、医疗保险、失业保险、工伤保险、生育保险、住房公积金、其他扣款。其中事假扣款是包括事假和病假导致的合计扣款，加班费包括节日加班费和日常工作加班费。

临时用工：工资项目包括岗位工资、计时工资、节日加班费、高温补贴、事假扣款、旷工扣款、养老保险、失业保险、工伤保险、病假扣款、其他扣款。

4. 计算公式

公司A——正式职工：

应发合计＝岗位工资＋绩效工资＋午餐补贴＋设备补贴＋过节费＋节日加班费

扣款合计＝事假扣款＋旷工扣款＋迟到扣款＋病假扣款＋个人所得税＋养老保险＋医疗保险＋失业保险＋工伤保险＋生育保险＋住房公积金＋借款扣回＋其他扣款

实发合计＝应发合计－扣款合计

公司 A——临时用工：

实发合计＝岗位工资＋计时工资＋节日加班费＋高温补贴－事假扣款－旷工扣款－养老保险－失业保险－工伤保险－病假扣款－其他扣款

公司 A——退休返聘职工：

实发合计＝岗位工资＋绩效工资＋午餐补贴＋设备补贴＋过节费＋节日加班费－事假扣款－旷工扣款－迟到扣款－病假扣款－个人所得税－借款扣回－其他扣款

公司 B、C、D、E——正式职工：

实发合计＝岗位工资＋绩效工资＋午餐补贴＋工龄工资＋加班费＋租房补贴＋交通补贴－事假扣款－旷工扣款－迟到扣款－个人所得税－养老保险－医疗保险－失业保险－工伤保险－生育保险－住房公积金－其他扣款

公司 B、C、D、E——临时用工：

实发合计公式与公司 A 临时用工一致。

5. 考勤管理

公司 A、B、C、D：

实行 IC 一卡通，同时配合微信移动签到平台进行考勤管理，由人力资源部薪资核算员直接从考勤系统对员工的考勤情况进行汇总统计，并用于工资表中的旷工扣款或迟到扣款的计算。

公司 E：

实行指纹打卡考勤管理，由各部门独立对员工的考勤情况进行汇总统计，并将考勤数据上报至薪资核算员，用于工资表中的旷工扣款或迟到扣款的计算。

6. 发放日期

公司 A：每月 11 日为工资发放时间，如遇节假日则工资在节假日后第一天发放。

公司 B：每月 10 日为工资发放时间，如遇节假日则工资在节假日后第一天发放。

公司 C：每月 10 日为工资发放时间，如遇节假日则工资在节假日后第一天发放。

公司 D：每月 5 日为工资发放时间，如遇节假日则工资在节假日前一天提前发放。

公司 E：每月 6 日为工资发放时间，如遇节假日则工资在节假日前一天提前发放。

7. 发放银行

公司 A：中国建设银行

公司 B：中国建设银行

公司 C：中国工商银行

公司 D：招商银行

公司 E：中国建设银行

2.4.4.2 流程图

公司 A、B、C、D、E 各单位员工工资计提及发放整体流程如图 2－29 所示。

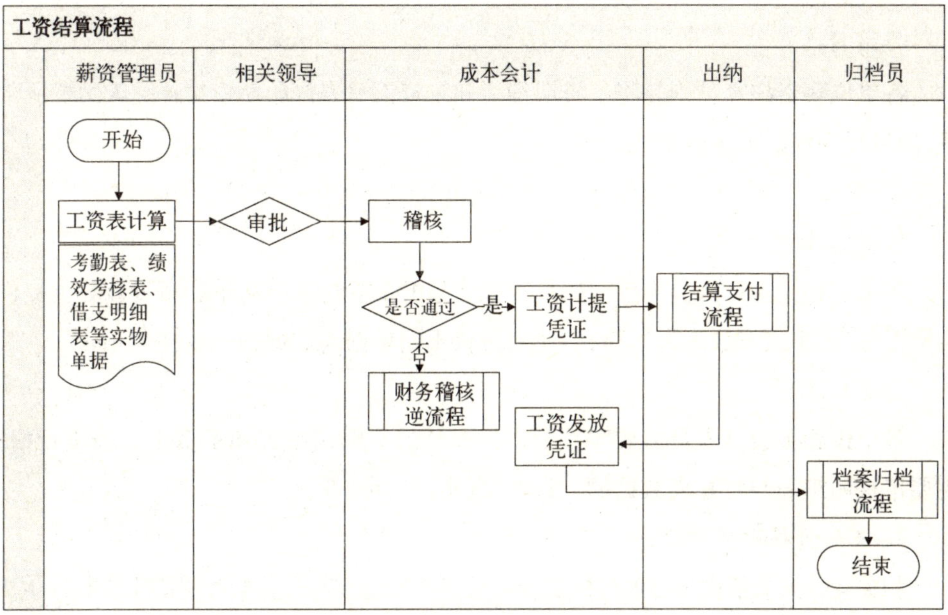

图 2－29 工资计提及发放流程

1. 工资表计算

（1）录入并计算工资明细表：公司 A、B、C、D、E 各单位薪资核算员依据汇总的考勤表、绩效考核表、个人借款明细表等信息，在薪资管理系统中录入该单位所有员工的部分工资数据，并通过系统自动计算，将员工的所有工资明细数据列示出来，包括基本工资、岗位工资、请假扣款、借款扣回、应发合计、实发合计等。在录入工资明细表时，公司 A、B、C、D 的考勤表均是由人力资源部薪资核算员直接从考勤系统导出后作为工资明细表录入的依据，而公司 E 的考勤表则是由各部门独立对员工的考勤情况进行汇总统计后，上报给薪资核算员的，其中部分数据可能存在人为调整的情况。

（2）工资汇总表：录入并计算工资明细表后，各单位薪资核算员均可在薪资管理系统中将工资汇总数据查询或打印出来，主要用于会计人员工资计提财务凭证制作的依据。

（3）工资发放表：录入并计算工资明细表后，各单位薪资核算员均可在薪资管理系统中将工资发放表查询或打印出来，主要用于提交出纳人员进行工资的发放。

2. 审批

公司 A、B：

各单位薪资核算员需要根据工资明细表或工资汇总表数据填写纸质付款申请单，依次提交人力资源部经理、项目经理、财务主管审批，对工资数据的真实性、合理性进行审核。

公司 C、D：

各单位薪资核算员需要将电子工资明细表和工资汇总表在薪资管理系统中依次提交人力资源部经理和项目经理网上审批后，再打印提交财务主管审批。

公司 E：

各单位薪资核算员则是将工资明细表和工资汇总表打印后依次提交人力资源部经理、项目经理和财务主管审批。

3. 稽核

公司 A、B：

各单位相关会计人员需要对领导审批通过的工资付款申请单和薪资核算员提供的工资汇总表、工资发放表进行稽核，主要审核不同单据间数据的一致性。

公司 C、D、E：

各单位相关会计人员需要对领导审批通过的工资明细表和工资汇总表进行稽核，主要审核明细表与汇总表数据的一致性、真实性、合理性。

4. 工资计提财务凭证

相关会计人员依据稽核通过的工资汇总表数据对按部门分配计提的工资数据生成相应的财务凭证，并进行打印，粘贴附上审批通过的纸质工资汇总表及相关的实物单据。

公司 A 凭证分录如下：

借：管埋费用——职工薪酬——工资

　　销售费用——职工薪酬——工资

　贷：应付职工薪酬——工资

公司 B、C、D、E 凭证分录如下：

借：管理费用——职工薪酬

　　销售费用——职工薪酬

　贷：应付职工薪酬——工资

5. 结算支付

公司 A、B：

各单位的出纳人员依据稽核通过的工资付款申请单和工资发放表的明细数据对每个员工的工资进行结算支付，完成员工的工资发放流程。为了遵守公司员工工资保密原则，要求薪资核算员提供给出纳的工资发放表中不允许包含工资明细数据，仅包含实发金额。

公司 C、D、E：

各单位的出纳人员依据稽核通过的工资明细表对每个员工的工资进行结算支付。

6. 工资发放财务凭证

相关会计人员将已结算支付的工资业务在总账系统中生成相应的财务凭证，并进行打印，粘贴附上稽核通过的工资汇总表、工资明细表等相关的实物单据。

公司 A 凭证分录如下：

借：应付职工薪酬——工资

　贷：银行存款

　　其他应收款——个人业务借款

公司 B、C、D、E 凭证分录如下：

借：应付职工薪酬——工资

　贷：银行存款

7. 发放工资条

工资发放完毕，薪资核算员将每个员工当月工资条发送至员工邮箱中。其中公司 A、B、C 以薪资管理系统中的工资条表格进行发放，公司 D、E 以在邮件中罗列工资项目数据的方式发送工资条。

8. 归档

归档员对以上流程涉及的所有相关单据、凭证进行归档管理。公司 A、B、C、D、E 工资发放涉及的实物及电子档案均由各单位独立保管，规定财务部门可临时保管一年，再移交档案管理部进行独立保管。

2.4.4.3　流程描述

公司 A、B、C、D、E 工资发放过程中涉及的输入单据、输出单据及需要关注的重点内容见表 2 - 12 所示。

表 2 - 12　　工资计提及发放流程描述

步骤		责任人	输入	输出	关注点
编号	名称				
1	工资表计算	薪资核算员	考勤表、绩效考核表、个人借款明细表等	工资明细表、工资汇总表、工资发放表、工资付款申请单	(1) 考勤表数据的来源 (2) 个人借款逾期未还的处理方式
2	审批	人力资源部经理/项目经理/财务主管/公司总经理	工资付款申请单、电子(打印版)工资明细表、工资汇总表	审批通过的工资付款申请单、电子(打印版)工资明细表、工资汇总表	(1) 审批流程 (2) 审批的单据种类及形式
3	稽核	财务稽核会计	工资付款申请单、电子(打印版)工资明细表、工资汇总表、工资发放表	审核通过的工资付款申请单、电子(打印版)工资明细表、工资汇总表、工资发放表	稽核涉及的单据

续 表

步骤		责任人	输 入	输 出	关 注 点
编号	名称				
4	工资计提财务凭证	会计人员	审批通过的工资汇总表	工资计提财务凭证	凭证分录内容
5	工资发放支付流程	出纳	审批通过的工资发放表	付款成功信息	不同的发放银行
6	工资发放财务凭证	会计人员	付款成功信息	工资发放财务凭证	凭证分录内容
7	发放工资条	薪资核算员	工资明细表	工资条	工资条样式
8	会计档案归档流程	归档员	电子报账单、会计凭证及实物单据	整理成册的会计档案	档案管理模式

2.4.4.4 单据样式

工资发放过程中涉及的主要单据及样式，详见图示。

■ 单据一：考勤统计表样式，如图 2－30 所示。

2016年 6 月 员工考勤统计表（范本）

基本信息					1	2	3	…	30	31	考勤分析													
序号	员工编号	姓名	部门	状态	三	四	五	…	四	五	出勤	事假	病假	婚假	产假	陪产假	丧假	年假	迟到	早退	出差	未刷卡	共计	备注
1	102394	王××	实施部	在职	1	事	1		1	1	21	1	0	0	0	0	0	0	0	0	0	0	22	
2	329045	刘××	财务部	在职	1	婚	婚		1	1	12	0	0	10	0	0	0	0	0	0	0	0	22	
3	390287	赵××	采购部	在职	1	1	1		1	1	22	0	0	0	0	0	0	0	0	0	0	0	22	
4																								
5																								
6																								
7																								
8																								
9																								
10																								
11																								
12																								
…																								

说明一、考勤记录（不要合并单元格）

1、员工正常出勤在考勤表中记录为“1”；

2、员工如有休假按以下记录：

--事假，请记录为“事”

--病假，请记录为“病”

--婚假，请记录为“婚”

--产假，请记录为“产”

--陪产假，请记录为“陪”

--丧假，请记录为“丧”

--年假，请记录为“年”

--迟到，请记录为“迟”

--早退，请记录为“早”

--出差，请记录为“差”

--未刷卡，请记录为“未”

二、状态栏的选择分为“在职”“离职”“调出”（指本月从本部门调出的人员状态标记为调出）“调入”（指本月从其他部门调入的人员状态标记为调入）

三、部门指一级部门，无需填写二级部门

四、新入职人员以人力部门发布的报到通知时间为准

图 2－30 员工考勤统计表样式

■ 单据二：月度绩效考评表样式，如图 2－31 所示。

××单位 11 月绩效考评表（范本）

序　号	年度 KPI	工作任务	完成标志	完成时间	权重(%)	完成情况	自评分	上级打分
1	客户回访	完成北京 VIP 客户回访	回访任务单客户确认	2016－11－30	30	按时完成	98	95
2	销售额达成	完成本月合同新签、续签工作	新签及续签率不低于目标值	2016－11－30	60	按目标达成	100	98
3	其他	领导交办的其他工作	按时完成	2016－11－30	10	按时完成	100	95
合　计							99.4	97.3

绩效系数说明：

95 分及以上：月度绩效系数为 1.3

85～95 分：月度绩效系数为 1

75～85 分：月度绩效系数为 0.7

75 分以下：不合格，无绩效

图 2－31　月度绩效考评表样式

■ 单据三：公司 A 正式职工工资明细表样式，如图 2－32 所示。

工资明细表（范本）

人员姓名	身份证号	工号	发薪期间	发薪日期	岗位工资	绩效工资	午餐补贴	设备补贴	过节费	节日加班费	应发合计	事假扣款	旷工扣款	迟到扣款	病假扎款	个人所得税	养老保险	医疗保险	失业保险	工伤保险	生育保险	住房公积金	借款扣回	其他扣款	扣款合计	实发合计
刘玲	****	****	10月	11.12	5500	300	200	140			6140					67.51	418.24	104.56	26.14			365.96				5157.59
张亮	****	****	10月	11.12	7000	700	200	100			8000					248.81	430.15	110.23	30.68			390.87				6789.26

图 2－32　公司 A 正式职工工资明细表样式

■ 单据四：公司 B、C、D、E 正式职工工资明细表样式，如图 2－33 所示。

工资明细表

人员姓名	身份证号	工号	所属部门	发薪期间	岗位工资	绩效工资	午餐补贴	工龄工资	过节费	加班费	租房补贴	交通补贴	事假扣款	旷工扣款	迟到扣款	个人所得税	养老保险	医疗保险	失业保险	工伤保险	生育保险	住房公积金	借款扣回	其他扣款	实发合计

图 2－33　公司 B、C、D、E 正式职工工资明细表样式

■ **单据五：** 公司 A、B、C、D、E 临时用工工资明细表样式，如图 2－34 所示。

工 资 明 细 表

人员姓名	身份证号	工号	发薪期间	发薪日期	岗位工资	计时工资	节日加班费	高温补贴	事假扣款	旷工扣款	病假扣款	养老保险	失业保险	工伤保险	其他扣款	实发合计

图 2－34　公司 A、B、C、D、E 临时用工工资明细表样式

■ 单据六：公司 A 退休返聘职工工资明细表样式，如图 2－35 所示。

工 资 明 细 表

人员姓名	身份证号	工号	发薪期间	发薪日期	岗位工资	绩效工资	午餐补贴	设备补贴	过节费	节日加班费	事假扣款	旷工扣款	迟到扣款	病假扣款	个人所得税	借款扣回	其他扣款	实发合计

图 2－35　公司 A 退休返聘职工工资明细表样式

■ 单据七：工资汇总表样式，如图 2－36 所示。

工 资 汇 总 表（范本）

部门名称	应付工资	养老保险	医疗保险	失业保险	工伤保险	生育保险	住房公积金	实发合计
采购部	74000	5096.72	1274.18	318.54			4459.63	62850.93
销售部	87200	5974.86	1493.71	373.43			5228.00	74130.00
财务部	65900	4647.11	1161.78	290.44			3971.48	55829.19
合计	227100.00	15718.68	3929.67	982.42	0.00	0.00	13659.11	192810.12

图 2－36 工资汇总表样式

■ 单据八：工资发放表样式，如图 2－37 所示。

工 资 发 放 表（范本）

人员姓名	身份证号	工号	发薪期间	银行账号	开户行	实发合计
刘××	220524***	201017	10月	622588***	招商银行**支行	5157.59
张××	370102***	302098	10月	621700***	建设银行**分行	6789.26
合 计						11946.85

图 2－37 工资发放表样式

■ 单据九：工资付款申请单样式，如图 2－38 所示。

工 资 付 款 申 请 单（范本）

申请人	刘××	申请部门	采购部
申请时间	2016.11.10	付款金额	50000.00
大写金额	伍万元整		
结算方式	1.支票 2.电汇 3.汇票 4.承兑		
收款单位全称	山东××技术有限公司		
收款人账号	6225884576387630		
收款人开户行	山东省济南市招商银行解放路支行		
付款事项	采购设备		
部门经理	王××	单位负责人	刘××
财务部经理	李××	备注	

图 2－38 工资付款申请单样式

■ 单据十：公司 A、B、C 工资条样式，如图 2－39 所示。

工 资 条（范本）

员工姓名	工号	身份证号	代发银行	银行账号	岗位工资	绩效工资	午餐补贴	设备补贴	过节费	节日加班费	事假扣款	旷工扣款
刘××	201017	220524***	建行**支行	622588***	5500	300	200	140				
迟到扣款	病假扣款	个人所得税	养老保险	医疗保险	失业保险	工伤保险	生育保险	住房公积金	借款扣回	其他扣款	实发合计	备注
		67.51	418.24	104.56	26.14			365.96			5158	

图 2－39 公司 A、B、C 工资条样式